La velocidad de los cambios en la economía interconectada

Paidós Empresa

Títulos publicados

15. A. F. Acland - *Cómo utilizar la mediación para resolver conflictos en las organizaciones*
16. S. R. Covey - *Los 7 hábitos de la gente altamente efectiva*
17. L. Leritz - *Negociación infalible*
18. C. Manz y H. P. Sims - *Superliderazgo*
19. J. Wareham - *Anatomía de un gran ejecutivo*
20. M. Bazerman y M. Neale - *La negociación racional*
21. E. De Bono - *Más allá de la competencia*
22. S. R. Covey - *El liderazgo centrado en principios*
23. E. De Bono - La revolución positiva
24. B. Fromm - *Los diez mandamientos de los negocios y cómo quebrantarlos*
25. P. L. Townsend y J. E. Gebhardt - *Calidad en acción*
26. R. McKenna - *Marketing de relaciones*
27. B. y C. Holton - *Curso breve para gerentes*
28. E. De Bono - *El pensamiento creativo*
29. C. Burton y N. Michael - *Guía práctica para la gestión por proyecto*
30. K. Albrecht - *Todo el poder al cliente*
31. G. de Sainte-Marie - *Dirigir una PYME*
32. S. R. Covey y otros - *Primero, lo primero*
33. S. R. Covey - *Meditaciones diarias para la gente altamente efectiva*
34. J. C. Collins y J. I. Porras - *Empresas que perduran*
35. M. E. Douglass y D. N. Douglass - *El management del tiempo en el trabajo en equipo*
36. J. W. Jones - *Management de alta velocidad*
37. J. Whitmore - *Entrenando para el desempeño empresarial*
38. A. Semprini - *El marketing de la marca*
39. F. Pacetta y R. Gittines - *No los despida, motívelos*
40. V. A. Howard y J. H. Barton - *Pensemos juntos*
41. A. de Ansorena - *15 pasos para la selección de personal con éxito*
42. R. M. Tomasko - *Repensar la empresa*
43. TH. M. Siebel y M. S. Malone - *La venta virtual*
44. K. Albrecht - *La misión de la empresa*
45. M. E. Gerber - *El mito del emprendedor*
46. B. Harrison - *La empresa que viene*
47. B. Tracy - *Estrategias eficaces de ventas*
49. R. Benfari - *Cambiando el estilo de gestión*
50. S. Campbell - *Del caos a la confianza*
51. J. Slywotzky - *La migración del valor de la empresa*
52. The Hay Group - *Personal, rendimiento y sueldo*
53. A. Brooking - *El capital intelectual*
54. J. Musgrave y M. Anniss - *La dinámica de las relaciones personales*
55. J. James - *Pensando en el tiempo futuro*
56. R. Tomasko - *En busca del crecimiento*
58. M. H. Meyer y A. P. Lehnerd - *El poder de las plataformas de productos*
59. S. Ghoshal y Ch. A. Bartlett - *El nuevo papel de la iniciativa individual en la empresa*
61. I. Morrison - *La segunda curva*
62. L. K. Geller - *¡Respuestas! Una guía completa del marketing directo efectivo*
63. F. Cairncross - *La muerte de la distancia*
64. R. Moss Kanter - *Las nuevas fronteras del management*
65. S. R. Covey y otros - *Primero lo primero. Reflexiones diarias*
66. J. O'Keeffe - *La empresa fuera de serie*
68. J. Hagel III y A. G. Armstrong - *Negocios rentables a través de Internet*
69. S. Davis y C. Meyer - *La velocidad de los cambios en la economía interconectada*

Stan Davis
Christopher Meyer

La velocidad de los cambios en la economía interconectada

Blur

PAIDÓS
Barcelona • Buenos Aires • México

Título original: *Blur. The Speed of Change in the Connected Economy*
Publicado en inglés en 1998 por Addison-Wesley, Reading (Massachusetts)

Traducción de Irene Núñez Aréchaga

Cubierta de Víctor Viano

ISBN: 84-493-0718-X
Depósito legal: B. 20.899-1999

Impreso en A&M Gràfic, S.L.,
08130 Sta. Perpètua de Mogoda (Barcelona)

Impreso en España- Printed in Spain

A Adam, Alexandra y Sam

A Mary

SUMARIO

QUINTA PARTE
VIVIENDO EL BLUR

PREFACIO

Esta obra es mucho más que un libro. Es también una ventana a un debate al que espero que os unáis, un intercambio de opiniones orgánico y continuo entre individuos con distintas experiencias y puntos de vista. No pretendemos ofrecer la última palabra sobre los temas que vamos a tratar, pero sí un punto de partida: ideas, observaciones y predicciones provocativas para pensar de manera creativa sobre los negocios y el futuro, y esperamos que también para que todos podamos compartir distintas opiniones. Así que lo más importante es que este libro representa una invitación. Queremos que os unáis a este debate, que lo convirtáis en algo vuestro, y que nos ayudéis a convertirlo en un instrumento útil.

Antes de continuar leyendo, podéis tomar nota de nuestra dirección en Internet: www. blursight. com. Vuestra experiencia al leer este libro, compartida a través de una comunidad de interés en Internet, nos enriquecerá a todos.

De hecho, la interacción fue el comienzo de *BLUR*. En 1988, cuando Stan estaba escribiendo *2020 Vision*, empezamos a intercambiar observaciones sobre la transformación de la economía. Recortamos artículos, enviamos correo electrónico y, siempre que nos era posible, nos sentábamos, hablábamos de nuestras conversaciones con otras personas y discutíamos sobre los cambios que se estaban produciendo. Con el tiempo, nuestras conversaciones sobre la economía de la información empezaron a centrarse en tres temas principales: la conectividad, la velocidad y los intangibles. Más tarde, empezaron a unirse más personas. El debate se enriqueció todavía más cuando Chris entró en el Centro para la Innovación Empresarial de Ernst & Young (CBI) como director (Stan se convirtió en investigador en el CBI a la vez que mantenía su independencia como autor y portavoz). Ello supuso la contribución de un grupo de individuos de gran inteligencia que no sólo aportaron ideas y una infraestructura de investigación para poder llevarlas a cabo, sino que además proporcionaron acceso a las experiencias de los clientes de E&Y. Chris Christensen, líder de la práctica de Negocios Basada en el Conocimiento de la empresa, se convirtió en el tercer gran integrante de este debate, ya que su experiencia sobre el terreno garantizaba que nuestras conclusiones y especulaciones fueran pertinentes para los directivos y sus compañías. Terry Ozan, vicepresidente de US Managament Consulting, también contribuyó desde el principio apoyando la investigación.

Desde entonces, los cambios se han sucedido vertiginosamente. Nos sorprendió lo rápidamente que empezaron a desvelarse los patrones de la nueva economía en cuanto aumentó el número de participantes en la discusión. En este caso, estaba claro que muchos cocineros mejoraban el guiso. Y fue entonces cuando nos volvimos ambiciosos. Nos dimos cuenta de que podríamos averiguar más cosas sobre la nueva economía si conseguíamos atraer a más personas a nuestros debates. Por tanto, este libro es un medio, y no un fin, un resumen del momento en el que nos encontramos. Siendo generoso, se puede considerar una especie de manifiesto. Establece un punto de vista, y las líneas maestras de una discusión, y sugiere un nuevo conjunto de reglas para la gestión y administración de empresas. Si lo único que hacéis es leerlo, confiamos en que os resulte útil. Pero si os ocurre como a nosotros, aprenderéis mucho más de las discusiones que genera.

Sabemos que ahí reside para nosotros el valor, en vuestras ideas y vuestro compromiso. Necesitamos que seáis críticos para que nosotros seamos más rigurosos, y que nos deis más y mejores ejemplos del fenómeno del *BLUR*. De la misma manera que Netscape lanza al mercado versiones beta y pide a los usuarios que contribuyan a mejorar el producto, nosotros os pedimos que nos ayudéis a entender mejor lo que hemos escrito. Al igual que los Bugs de Netscape para el programa Bounty, os compensaremos por ayudarnos a pensar más claramente sobre *BLUR*, en parte económicamente, en parte mediante al acceso a la comunidad que esperamos crear con *BLUR*, y en parte también ayudándoos a adaptaros a esta nueva situación. Se puede consultar nuestra dirección en Internet para más detalles.

Finalmente, antes de uniros a esta conversación, queremos que conozcáis a otros dos participantes importantes: Julia Kirby y Nikolas Kron, del CBI, que han realizado una triple tarea, añadiendo su punto de vista al debate, revelando factores clave y manteniendo este libro por el buen camino. Ha sido su extraordinario esfuerzo lo que ha permitido publicar este libro a velocidad de vértigo. Enumeraremos todo el resto de agradecimientos, como en las películas, al final.

Empecemos con el *BLUR*.

UNA ECONOMÍA UTILIZA RECURSOS PARA SATISFACER DESEOS

Una «economía» es la manera en que los individuos utilizan los recursos para satisfacer sus deseos. Las formas específicas en que lo hacen han cambiado varias veces a lo largo de la historia, y siguen cambiando, esta vez conducidas por tres fuerzas: la conectividad, la velocidad y el crecimiento del valor intangible.

Como somos en cierto modo novatos en el torbellino de esta transición, la experimentamos como algo bastante confuso. Confuso por la conectividad, ya que los jugadores se interconectan tan íntimamente que las fronteras entre ellos quedan desdibujadas. Confuso por la velocidad, ya que las empresas cambian tan rápidamente que es difícil saber exactamente cuál es la situación. Y confuso por el valor intangible, ya que el futuro llega a un ritmo tal que el capital físico se convierte más en un pasivo que en un activo. Cada vez más, lo importante es la información y los contactos, dos cosas que no se pueden ver en absoluto y que a menudo tampoco se pueden medir.

Aquello a lo que todos estamos acostumbrados, como trabajar por dinero, pagar por bienes y servicios y mantener fronteras claras entre distintas empresas, está desapareciendo. La primera parte, «Considerando el BLUR», es el comienzo para entender lo que surgirá en su lugar.

PRIMERA PARTE

CONSIDERANDO EL BLUR

1

ENFOCANDO EL BLUR

VELOCIDAD × CONECTIVIDAD × INTANGIBLES = BLUR

Velocidad: Todos los aspectos de los negocios y las organizaciones relacionadas operan y cambian en tiempo real.

Conectividad: Todo se está conectando electrónicamente: los productos, los individuos, las empresas, los países, etc.

Intangibles: Todas las ofertas tienen un valor económico tangible e intangible. El valor intangible está creciendo más rápidamente.

Blur: El nuevo mundo en el que viviremos y trabajaremos.

¿Acaso el ritmo del cambio se ha acelerado mucho más allá de vuestra zona cómoda? ¿Las normas que regían vuestras decisiones en el pasado ya no son válidas? Si esto es así, sois como todos los individuos que prestan atención a este fenómeno. No estáis imaginando cosas raras.

Los elementos del cambio que dirigen estas bruscas transformaciones actuales se basan en las dimensiones fundamentales del universo mismo: el tiempo, el espacio y la masa. Como la economía y las empresas forman parte del universo, el tiempo, el espacio y la masa también son sus dimensiones fundamentales. Hasta hace poco, esta noción era demasiado abstracta como para resultar útil. Pero ahora nos damos cuenta del extraordinario poder que tiene este punto de vista para el mundo empresarial.[1]

La comunicación y el cómputo casi instantáneos, por ejemplo, están acortando el tiempo y haciendo que nos concentremos en la velocidad. La conectividad está poniendo a todos y a todo en línea de una manera u otra y ha provocado la «muerte de la distancia»,[2]

1. Ésta era la base del influyente libro de Stan, *Future Perfect*, Addison-Wesley, 1987, 1996.

un acortamiento del espacio. El valor intangible de todo tipo, como el servicio y la información, está creciendo de manera explosiva, reduciendo la importancia de la masa tangible.

La conectividad, la velocidad y los intangibles, los derivados del tiempo, el espacio y la masa, están desdibujando las reglas y redefiniendo nuestros negocios y nuestras vidas. Están anulando soluciones, como la producción en masa, los precios segmentados y los trabajos tradicionales, que funcionaban para un mundo industrial relativamente lento y no conectado. El hecho es que está ocurriendo algo extraordinario a nuestro alrededor, lo suficientemente inquietante como para hacernos creer que estamos perdiendo el equilibrio y viendo doble. Así que hay que relajarse. Experimentamos estos fenómenos como lo que son realmente, algo confuso. Si ignoramos esas fuerzas, lo confuso nos hará sentirnos desgraciados y arruinará nuestros negocios. Si las controlamos y las aprovechamos, podremos entrar en el mundo del BLUR, movernos a su ritmo y ver de nuevo el mundo con claridad.

¿Y qué veremos? La desaparición de todas las fronteras tradicionales. En el mundo del BLUR, los productos y los servicios se entremezclan. Los compradores venden y los vendedores compran. Las pulcras cadenas de valor se convierten en confusas redes económicas. Los hogares son oficinas. Ya no existe una línea divisoria clara entre estructura y proceso, poseer y utilizar, saber y aprender, real y virtual. Cada vez hay menos diferencias entre jefes y empleados. En el mundo del capital, que supone en sí mismo tanto un activo como un pasivo, el valor se mueve tan rápidamente que no se distingue el depósito del flujo. En todos los frentes, los opuestos se están difuminando.

Con este libro, ofrecemos una lente a través de la cual distinguir lo confuso durante un momento de claridad estática, al igual que la gente iluminada por luces estroboscópicas parece congelarse en los movimientos de una pista de baile. No penséis que vais a poder ralentizar este fenómeno, y mucho menos detenerlo. Su constante aceleración continuará en el futuro, y los que no entiendan este punto se quedarán descolgados. Vuestra misión como gerentes, empresarios, consumidores o individuos es manejar lo confuso, mantener la aceleración, permitir que el mundo cambie y pierda el equilibrio. No hay que intentar detenerlo. No hay que intentar clarificarlo, codificarlo, explicarlo. Hay que reconocerlo. Aprender sus nuevas reglas. Entonces podremos movernos a la velocidad del

2. Frances Cairncross, *The Death of Distance*, Boston, Harvard Business School Press, 1997.

BLUR, y descubrir que se nos presentan fenómenos increíblemente nuevos.

Estamos listos para unirnos al baile al otro lado de las luces estroboscópicas, donde nos moveremos a la velocidad del BLUR. Recordad que la imagen congelada es falsa. La realidad está siempre en continuo movimiento.

CONECTIVIDAD, VELOCIDAD E INTANGIBLES: LA TRINIDAD DEL BLUR

Tal vez nos digamos que la conectividad, la velocidad y los intangibles no albergan sorpresas, pero cada uno de estos elementos ha sufrido sus propias metamorfosis en tiempos recientes.

La tarde del 17 de enero de 1991, Chris volaba a casa desde Los Ángeles a Boston cuando el piloto anunció que había comenzado la operación Tormenta del Desierto. Entonces transmitió el reportaje de radio de la CNN por los altavoces del DC-10, para que los pasajeros pudieran oír las palabras de un periodista desde Bagdad, retrasmitidas a través de Israel al resto del mundo, recogidas por el avión y enviadas a sus auriculares. Dada la importancia del acontecimiento, ¿qué hubierais hecho vosotros? Al cabo de poco tiempo, Chris telefoneó a su esposa Mary, que se encontraba en Boston, para darle la noticia. Y todo esto ocurrió a través de una red conectada por el aire que era mucho más potente que la que tenían los pilotos militares en la guerra de Corea, tan sólo hace cuarenta años. ¿Cómo es posible? Conectando todo a todo, en tiempo real.

En rápida sucesión, la liberalización de las telecomunicaciones, la miniaturización de los satélites y el desarrollo de las tecnologías móviles han permitido las conexiones a cualquier persona, en cualquier momento y en cualquier lugar. En la actualidad, con el explosivo despegue de Internet, hemos entrado en la segunda mitad de la economía de la información, que utiliza el ordenador cada vez menos para introducir datos y cada vez más para conectar: individuos, máquinas, productos a servicios, una red a otra, una organización a otra, y todo el resto de combinaciones posible.

En 1999, los satélites de baja órbita terrestre (LEO) llevarán esta capacidad a todos los lugares del planeta. Para el año 2000, las redes de telecomunicaciones de Estados Unidos transportarán más datos electrónicos que voz. Y lo que es más increíble, la voz supondrá menos del 2 % del tráfico para el año 2003.[3] *Hay que pensar en*

3. Ibíd. Otras fuentes creen que la voz caerá al 10 % en este período. En todo caso, lo que está claro es que el tráfico de datos está creciendo a una velocidad que excede con mucho la del uso tradicional del teléfono.

teléfonos que utilizan la red, en lugar de que la red funcione gracias al sistema telefónico. El coste de las telecomunicaciones globales disminuirá drásticamente, como ha ocurrido con las llamadas a larga distancia durante los últimos veinte años. Este incremento masivo en las conexiones cambiará la forma de concebir los negocios, transformará completamente las empresas actuales y los modelos económicos, y nos hará sumergirnos cada vez más profunda y rápidamente en el BLUR.

Los teléfonos móviles, la mensajería, los sistemas de correo electrónico, los escaners de código de barras, los teléfonos por satélite, el correo electrónico, los satélites globales de posicionamiento y toda la tecnología electrónica que nos conectará no son más que la parte visible del concepto de conectividad. Cuando estos elementos se conecten entre sí, sus actos desencadenarán efectos de dominó y cambiarán el comportamiento de la economía.

El derrumbe de la Bolsa en octubre de 1987 fue ocasionado por operaciones informatizadas que no estaban vinculadas explícitamente. El daño fue causado por la interacción de instrucciones de inversores independientes, un tipo de red conectada de programas de compra-venta de acciones. De forma similar, el apagón de energía de 1965 en el nordeste de Estados Unidos fue el peor de la historia por las conexiones compartidas por los aparatos de la red de energía. Estas conexiones trasladaron una sobrecarga en un punto concreto del sistema y se sucedieron los fallos a lo largo de toda la cadena eléctrica. Por ello se introdujeron límites a las operaciones bursátiles después del desastre económico de 1987, que se denominaron «interruptores automáticos de circuito».

Estos ejemplos ilustran la importancia de la conexión. Un solo interruptor automático de circuito tiene un efecto limitado. Si conectamos miles, es imposible saber cómo reaccionará el sistema. El primer uso del interruptor de circuito económico, en octubre de 1987, fue una respuesta a las frenéticas ventas de los mercados de Asia a primeras horas del día, una prueba evidente de la conexión del sistema global.

La comunicación instantánea de la guerra del Golfo es una historia sorprendente sobre la conectividad, pero muy trivial sobre la velocidad. Las noticias siempre han viajado rápidamente. Cuando hablamos de velocidad, nos referimos a que ha aumentado vertiginosamente la velocidad de los negocios en la última década. Tomemos, por ejemplo, la tremenda disminución en el tiempo entre envío y recibo. Se puede pedir un ordenador de mesa a PC Connection a las dos de la madrugada y recibirlo configurado a medida diez horas más tarde. De manera similar, el lapso de tiempo entre producir y vender, y comprar y entregar, desaparece. En Tokio, se puede encargar un Toyota a medida un lunes y conducirlo el viernes.

La velocidad es el acortamiento de los ciclos de vida de los productos, de años a meses, o incluso semanas. Y la velocidad es la red electrónica mundial sobre la que transfieren dinero instituciones financieras a un índice de 41.000 millones de dólares por minuto. Para el individuo, la velocidad son miles de mensajes al día, que crean prácticamente una comunicación continua. Si nos perdemos un día, el mundo continúa girando sin nosotros. Los acelerados ciclos de vida de los productos y la competencia basada en el tiempo se han convertido en parte del código empresarial. Estas experiencias cambian la percepción de los individuos. Ahora esperamos respuestas a tiempo real, 24 horas al día durante todos los días de la semana, y la respuesta en tiempo real es sólo un ejemplo de la importancia cada vez mayor del valor intangible.

La parte intangible de la economía ha crecido silenciosamente, alterando nuestra percepción del mundo sin llamar demasiado la atención sobre sí misma. Adopta cuatro formas: los *servicios*, que han dominado la economía durante décadas, son los más conocidos. Incluyen de todo, desde hamburguesas a cirujanos especializados. La segunda forma es la *información*, como el conocimiento especializado de las bases de datos, el contenido del imperio de la Guerra de las Galaxias de George Lucas, y las sombras lanzadas por actividades y transacciones en facturas de tarjetas de crédito o compras de acciones. La tercera es el *componente de servicio de los productos*. Los servicios de simulación por ordenador, ya sean para automóviles, arquitectura, ventanas o papel pintado, permiten habitualmente a los clientes intentar distintas configuraciones antes de encargar el producto concreto. El cuarto elemento son las *emociones*, la confianza y lealtad que sienten los clientes hacia una marca, el prestigio que conlleva una etiqueta, la atracción que ejerce una celebridad en escena, en la pantalla o en el campo de juego.

DreamWorks SKG es una conocida expresión del valor de los intangibles. Constituida con tan sólo 250 millones de dólares, fue asaltada por ávidos inversores que llevaron la capitalización del mercado a 2.000 millones de dólares cuando la compañía, que carecía de estudio y de proyecto de producción, salió a Bolsa. El atractivo era el valor intangible de sus fundadores: Steven Spielberg, Jeffrey Katzenberg y David Geffen, todos ellos estrellas de la industria del espectáculo aunque sus rostros nunca aparezcan en pantalla. Los intangibles funcionan en forma de innovación, marcas, confianza y relaciones.

El valor intangible crece mucho más rápidamente que el tangible. Pero en una economía interconectada, la demanda creciente de intangibles también conlleva algunos nuevos fenómenos económicos. Comparemos el maíz y el software. Con el maíz, dos kilos cuestan el doble que uno. Pero con el software, la segunda copia es casi gratis. Además, si cocinamos un kilo de maíz, nos lo comemos. Sin embargo, el software se puede duplicar una y otra vez sin costes adicionales.

La conectividad, la velocidad y los intangibles nos mantienen despiertos a todos por la noche, pensando en nuestro futuro. Para ver hacia dónde nos llevan, hay que centrarse en los elementos constantes de toda economía.

UNA ECONOMÍA UTILIZA RECURSOS PARA SATISFACER DESEOS

La única constante es lo que hace la economía: de nuevo, *utiliza recursos para satisfacer deseos*. Sin embargo, sus medios para lograrlo han cambiado en distintas ocasiones. Las economías de caza y recolección duraron durante cien mil años antes de dar paso a economías agrarias, que duraron otros diez mil años. Su enfoque de aprovechar al máximo la tierra y el trabajo fue sustituido por las máquinas y las fábricas de la era industrial (1760-1950), lo cual dio lugar al surgimiento de las ciudades, la producción en masa, la contaminación, los sindicatos y el desarrollo del sistema bancario.

Después de casi doscientos años, la era industrial dio paso a los ordenadores de la economía de la información, que ya está a mitad de camino. Las primeras cuatro décadas usaron el ordenador como una herramienta de tecleado, un enfoque de estilo industrial que incluía el procesamiento de datos y el almacenamiento, máquinas más grandes y más rápidas, superordenadores y otras «fábricas» para llevar a cabo trabajos intelectuales rutinarios.

En esta segunda mitad de la era de la información, que llamamos la economía del BLUR, los recursos servirán para cumplir sueños mediante medios diferentes. Para empezar, debemos olvidarnos de la idea de soluciones estables. Hoy en día, un negocio de éxito no tiene nada garantizado en ningún momento. El comienzo, desarrollo y fin de una línea de productos se confunden uno con otro conforme la vieja y familiar progresión, paso a paso, de investigación, diseño, producción, distribución, pago y consumo desaparece. Se analizan primeros ejemplares de los nuevos modelos de los fabricantes en las revistas mientras que el modelo actual se sigue vendiendo a un precio «de calle» variable, y la versión anterior se vende con descuento. Un cambio anual de modelo se transforma en un cambio continuo. Las mejoras continuas que se cargan electrónicamente están sustituyendo a nuevos diseños que exigen que se cierren las plantas para reemplazar las herramientas. *Construido para durar significa hoy en día construido para cambiar*. Al igual que la mecedora del abuelo, tal vez hayan sido sustituidas todas las piezas a lo largo de los años, pero el intangible, el concepto de silla del abuelo, persiste.

La economía del BLUR tienen tres partes fundamentales:

1. El BLUR de los deseos, el lado de la demanda de una economía, donde productos y servicios se funden en uno para convertirse en una oferta, y donde los papeles de compradores y vendedores se transforman en un intercambio.
2. El BLUR de los logros, donde las estrategias y organizaciones se disuelven en redes económicas y relaciones permeables.
3. El BLUR de los recursos, donde las personas ya no se dividen en su ser consumidor y su ser trabajador, y donde el capital es más a menudo un pasivo que un activo. Estos recursos están alterando sus significados tradicionales de manera tan vigorosa como un perro cuando se sacude el agua después de salir de un estanque.

Cómo leer y usar este libro

La naturaleza del BLUR significa que las tres partes están conectadas y se deben considerar de manera simultánea. Se pueden leer las partes de este libro en ambos sentidos: recursos, logros, deseos; o deseos, logros, recursos. Lo hemos organizado para empezar en el mercado con el BLUR de los deseos, pero también se puede leer el libro empezando con personas y capital. Para ser fieles al espíritu del libro, a Stan le gusta leerlo en un determinado orden y a Chris en el otro.

A diferencia de la mayoría de los libros sobre la empresa, éste no va a identificar problemas y recomendar soluciones. Ello supondría solucionar los problemas del pasado e invertir en vuestros puntos débiles. En lugar de ello, esperamos proporcionar una cámara que altere el movimiento y a través de la cual se pueda ver que la convergencia de conectividad, velocidad e intangibles está creando el fenómeno del BLUR. Deseamos redefinir el que consideráis que es vuestro lugar, y el lugar de vuestro negocio, en la economía.

Al final del libro, estaréis equipados para ver más allá de la instantánea de lo que está ocurriendo en la actualidad. Todavía mejor, esperamos que seáis capaces de abrazar y uniros a este movimiento. En el último capítulo, os proporcionamos cincuenta maneras de transformar vuestro negocio y diez maneras de transformaros a vosotros mismos para adaptaros al fenómeno del BLUR, además de ejemplos rápidos de cómo aplicar lo aprendido. Recordad que incluso después de leer este volumen y dejar el PC o el Mac, el baile continúa a ritmo frenético y las imágenes siguen cambiando. Ya ha cambiado desde que escribimos estas páginas. Todos debemos movernos incesantemente, crear una comunidad de BLUR. Venid y uníos a la fiesta.

DESEOS

Las necesidades humanas han cambiado poco a lo largo de la historia económica, y es improbable que cambien ahora. La forma de satisfacer las necesidades en la era industrial nos llevó a la mayoría de nosotros a pensar en términos de productos y servicios, compradores y vendedores. Sin embargo, ésa no es la forma adecuada de pensar en el futuro.

La segunda parte contiene dos capítulos. En «La oferta», examinamos los deseos económicos para demostrar que productos y servicios se convierten en ofertas que satisfacen amplios deseos, en lugar de convertirse en componentes para ser ensamblados por el cliente. En «El intercambio», los distintos papeles de comprador y vendedor en los lados opuestos de una transacción se amplían para definir una operación en dos direcciones y en la que comprador y vendedor intercambian valor de tres tipos: económico, informativo y emocional. Todos juntos, estos capítulos describen la transformación de la «demanda» de la economía.

SEGUNDA PARTE

EL BLUR DE LOS DESEOS

2

LA OFERTA

NO HAY PRODUCTO SIN SERVICIO, NO HAY SERVICIO SIN PRODUCTO

La diferencia entre productos y servicios desaparece hasta el punto de que la distinción es una trampa. Los ganadores proporcionan una oferta que es a la vez producto y servicio.

Imaginemos que estámos conduciendo por la carretera nuestro Mercedes cuando oímos un ruido débil. ¿Es un zumbido? ¿Es un silbido? (¿Es el cinturón de la gabardina atrapado en la puerta?) ¿Cuáles son las posibilidades de que se vuelva a oír si lo llevamos al taller? No os preocupéis. Mercedes está probando un nuevo sistema que conectará el software del coche a través de Internet a un centro de atención al cliente. Ello permitirá diagnosticar los problemas mientras el coche sigue circulando, e incluso a veces realizar la reparación en marcha.

La cadena de hoteles Hilton permite a los clientes saltarse el trámite de registro en algunos de sus establecimientos y registrarse en puestos de «tarjetas inteligentes». En un programa piloto que se llevó a cabo junto con American Express e IBM, la tarjeta AmEx de un viajero almacena sus preferencias (no fumador, cama gigante, por ejemplo), junto con su número HHonors del Hilton, y le permite actualizar sus características en cualquier momento. El cajero le da entonces una llave, junto con las instrucciones y el número de habitación.

Cuando el propietario de un coche compra un dispositivo antirrobo LoJack, nadie le garantiza que no le roben el coche. Pero existe la práctica seguridad de que, si así ocurre, se recuperará el vehículo. El dispositivo de radio oculto señala su localización exacta a los coches de policía que se encuentren cerca. Por 595 dólares, el propietario consigue estar tranquilo, y se ríe el último. La siguiente generación tal vez envíe una señal para inhabilitar el coche robado.

Coches, habitaciones de hotel, sistemas de seguridad: ¿se trata de productos o de servicios? En un mundo de conectividad, velocidad e intangibles, no sólo es difícil saberlo, sino que tampoco merece la pena intentar descubrirlo. En todos estos casos, como en muchos otros, la clara línea divisoria que en su día los separaba está desapareciendo, un proceso evolutivo que se encuentra en el núcleo del BLUR.

Esto tiene sentido dadas las fuerzas que se esconden tras este fenómeno. La velocidad, la aceleración de los negocios en todas sus vertientes, está ocasionando que productos y servicios se parezcan cada vez más. Por una parte, los ciclos de vida de los productos son mucho más cortos ahora que antes. A su vez, la rápida caducidad exige una mejora o sustitución continuas. Hoy en día, ya no se puede vender un producto a un cliente y después olvidarse de él. Las personas que se convierten en clientes volverán a ser clientes dentro de seis meses, si no de esa misma empresa, de otra del mismo sector. Cuando se trata con los mismos clientes con esa frecuencia, ¿no empieza a tratarse de una empresa de servicios?

Al revés, la necesidad de velocidad está ocasionando que muchas personas de la industria de servicios se sientan vendedores de productos. Los clientes quieren que el servicio sea rápido, ya sea comprando una hamburguesa o financiando una casa. Con la presión del tiempo, a veces no hay forma de que los servicios se adapten totalmente a las necesidades de cada cliente. Incluso cuando los servicios están personalizados en masa,[1] siguen teniendo que estar bastante estandarizados, modularizados, empaquetados e incorporados al software. En otras palabras, deben parecer productos.

Responsable de la cada vez mayor confusión entre productos y servicios es la cada vez mayor proporción de valor empresarial que está formado por intangibles, que, por supuesto, constituyen la parte fundamental de todo servicio. El concepto de servicio, en realidad, es que no se está comprando o vendiendo algo para tener y poseer. Sin embargo, los intangibles están empezando a incorporar la esencia de lo que tradicionalmente se ha catalogado como productos. En un producto como el Tylenol, por ejemplo, el componente de mayor valor no son los pocos céntimos que vale su ingrediente activo. Más bien reside en los conocimientos científicos aplicados durante los siete años que duró el desarrollo del medicamento. En un reloj de la marca Ebel, no es el coste de los materiales lo que

1. «Personalización en masa» fue acuñado por primera vez en el libro de Stan Davis, *Future Perfect*, Reading, Mass., Addison-Wesley, 1987, 1996.

condiciona el precio final del producto, mil dólares, sino el talento de los diseñadores de Ebel y el prestigio de la marca.

Sin embargo, los productos y los servicios se confunden cada vez más, principalmente por la primera fuerza que actúa sobre el BLUR: la conectividad, la capacidad de construir productos que se conectan de manera electrónica a bases de datos. Esto crea muchas oportunidades para el servicio. Volvamos al ejemplo de LoJack. LoJack es un servicio, más que un producto. De hecho, los propietarios de LoJack no sólo no pueden ver la unidad, sino que ni siquiera les dicen cuándo se lo instalan en su propio coche. Pero el precio suena mucho a producto. No hay un coste de mantenimiento mensual y el precio cerrado es el único coste del comprador. En resumen, la conectividad significa que los clientes mantienen un vínculo estrecho con los creadores de las mercancías que utilizan. El producto es simplemente un servicio que espera a ponerse en marcha; el servicio es el producto en acción.

Está claro que ya no tiene sentido considerar el mundo en términos de productos y servicios. En lugar de ello, deberíamos pensar de manera más amplia en híbridos entre productos y servicios, en «ofertas», para usar este léxico de nuevo cuño. Las ofertas son servicios convertidos en productos y productos convertidos en servicios. Son carne y pescado a la vez. Y cada vez será más difícil vender algo que no represente esta combinación. Los vendedores que venden productos aislados y sin servicios de apoyo no se considerarán mejores que cualquier vendedor de aceite de serpiente, dispuesto a levantar el campamento durante la noche y timar a otro grupo de incautos en otra ciudad. Los vendedores que venden servicios sin paquetes y sin ventajas adicionales parecerán únicamente interesados en llevar a cabo su jornada laboral, y no en satisfacer los deseos del cliente. Se verán perjudicados por las decisiones de sus competidores más avezados. Evitar estos males exige una nueva manera de pensar antes de planificar qué es lo que se va a ofrecer. El diseño adecuado de una oferta exige pensar de forma simultánea en qué es, qué hace e incluso qué permite que ocurra.

Más allá del caos

Como veremos en otros aspectos del fenómeno del BLUR, existen unos claros antecedentes para las innovaciones que estamos viendo, pero palidecen si los comparamos con los cambios que se avecinan. Después de todo, los servicios siempre se han mezclado desordenadamente con los productos, y viceversa. Si compramos un televisor o un aparato de vídeo, nos darán una garantía de servicio y nos animarán a mejorar el equipo. El precio de un estéreo para el coche suele incluir la instalación. Hasta hace poco tiempo, el pionero de los pedidos por correo, L. L. Bean, ofrecía «envío gratuito», lo que significaba que el coste del transporte ya estaba incluido en el precio que se pagaba por la mercancía. De forma similar, los productos se mezclan con los servicios. Si compramos un curso de idiomas, las cintas o vídeos forman parte de la oferta. Si acudimos a un curso de gestión de tiempo de Franklin Planner, incluyen el planificador. Si decidimos adelgazar con Weight Watchers, nos contarán por qué hay que optar por las comidas equilibradas y bajas en calorías que Weight Watchers ofrece en el supermercado.

Estos ejemplos suponen un paso más en la dirección de la desaparición de fronteras. Demuestran que los clientes compran productos y servicios porque tienen necesidades que esos dos elementos, juntos, ayudan a satisfacer. Incluir más producto o servicio en la oferta original es una manera de satisfacer una parte proporcional mayor de esas necesidades. Ese mismo buen instinto ha llevado al uso generalizado de la frase de los noventa, «proposición de valor». Los que piensan en la gestión y administración de empresas urgen a los investigadores de producto y a los encargados de la publicidad a vender las ventajas, no las características. Presentar al cliente una proposición de valor significa dirigirse a lo que está intentando conseguir, y presentar la manera en que ese producto o servicio le acercará a la meta, no mostrarlo por derecho propio.

Sin embargo, en última instancia, mezclar producto y servicio no es suficiente. No basta con juntar una serie de bienes y servicios complementarios y ponerle un precio al lote completo. El verdadero valor llega cuando esos elementos se entremezclan de tal forma que ya no se pueden separar, ya no pueden existir independientemente uno del otro.

Ofertas que no podemos rechazar

Algunas ofertas que ya están en el mercado son tan innovadoras en cuanto a diseño y han tenido tanta aceptación que probablemente ya las conocemos todas aunque no nos demos cuenta. Los ascensores Otis instalan sensores en varias piezas de su equipo para realizar un seguimiento de su uso y rendimiento. Un ordenador equipado con un módem que utiliza la tecnología de los teléfonos móviles recoge dicha información. Un fallo mecánico, o la simple amenaza de avería, indica al ordenador que llame a las oficinas de Otis, que en tal caso envía inmediatamente un técnico en reparaciones. Aunque dichas emergencias son poco frecuentes, el control constante hace que el mantenimiento preventivo sea más preciso y eficaz. Además, los técnicos de Otis comprueban periódicamente los equipos a distancia para examinar los distintos componentes del ascensor y su estado. Cuando toca realizar el mantenimiento de rutina, el mecánico llega con una idea concreta de dónde puede producirse una avería. De esta forma, se puede emplear el tiempo de reparación donde sea realmente necesario en lugar de prestar a cada parte la misma atención. Los costes de servicio disminuyen y la calidad del servicio aumenta. ¡Menuda oferta!

No siempre ha sido así. Otis tenía antes dos negocios diferentes, uno el de construir y vender ascensores, y el otro el de vender y ofrecer servicios de mantenimiento. Integrar los dos ha sido tan sólo en parte una tarea tecnológica. Igual de difícil ha resultado la formación de los empleados para que adquieran los conocimientos exigidos por la nueva coalición. Todavía queda por delante la mayor parte de la integración física. Otis tiene más de 100.000 ascensores en servicio en los Estados más septentrionales de Estados Unidos. Empezó a instalar el nuevo sistema en 1997, y espera ser capaz de convertir sólo entre 10.000 y 15.000 por año en un futuro próximo.

Otro famoso matrimonio de producto y servicio se produjo en Dell Computers. Dell compite en un negocio tremendamente difícil, y ofrece precios bajísimos para los ordenadores personales y los periféricos relacionados. La estrategia de su fundador, Michael Dell, siempre ha sido la de recortar gastos en la cadena de abastecimiento para poder mantener precios más bajos que sus competidores. La innovación de Dell, en 1987, fue vender directamente a los clientes y evitar todos los costes de inventario y mantenimiento derivados de suministrar mercancía a las tiendas. Sin embargo, lo valioso de este modelo empresarial es que ha permitido a Dell responder con más eficacia a las exigencias de cada cliente concreto. Comprando a través de cauces más tradicionales, hay que ir a una tienda a elegir un ordenador y especificar los componentes y características que se desean, y luego esperar una media de catorce días hasta su entrega. Dell acortó ese tiempo hasta un plazo inédito de cuatro días para un PC hecho a medida. Fabricar cada ordenador a la medida del cliente no presenta especiales dificultades. Si se pone en práctica la personalización en masa, la empresa espera a tener el pedido antes de ensamblar el producto y lo envía en dos días.[2] Esto transformó el modelo empresarial para la industria. IBM, Compaq y otras empresas conectaron con sus socios en distribución como MicroAge o MacConnection para acelerar el ensamblaje final. Ello les permitió competir con Dell, un ejemplo de cómo la demanda de velocidad originó una mayor conectividad.

El negocio de Dell se ha trasladado de manera provechosa al entorno del comercio electrónico. Vender por Internet ha hecho aumentar los beneficios en seis millones de dólares al día, de los cuales el 80 % corresponde a nuevos clientes. «Para nosotros, Internet es un sueño hecho realidad», afirma Dell. «Es como las operaciones a coste de variable cero. Lo único mejor sería la telepatía mental.»

La personalización en masa es el centro de otra fusión muy conocida entre producto y servicio: el programa Levi's Personal Pair^MR^. Puedes acudir a una tienda Levi's y hacerte un par de pantalones a medida, perfectamente cortados y cosidos según las medidas de cada persona, y probablemente únicos entre los millones de pares de pantalones que ha vendido Levi Strauss a lo largo de los años. Las medidas se trasmiten a la sala de corte de Levi's, y el par personalizado se envía al cliente a los pocos días. Es más, el sistema en línea retiene la información del cliente por si desea realizar un nuevo encargo, lo cual se puede hacer desde cualquier tienda Levi's. El producto de masas más conocido del mundo se ha integrado fabulosamente con el servicio. (Por supuesto, la responsabilidad del cliente es mantener su talla.) Hoy en día, se ofrece el mismo tipo de servicio para el calzado. A partir de 275 dólares, Digitoe fabricará un par de zapatos para unas medidas concretas, lo entregará en un plazo de tres o cuatro semanas y conservará los datos del cliente para futuros pedidos.

Están surgiendo ofertas igualmente rápidas en lo que solía ser el dominio exclusivo del servicio. Tomemos el ejemplo de la preparación de los impuestos. Hasta hace poco tiempo, se podían calcular los propios impuestos a pagar o contratar a alguien para que lo hiciera. Si la situación fiscal era complicada, y el tiempo del cliente valioso, probablemente se contrataba a un profesional que se ganaba su sueldo porque conocía todos los vericuetos del código impositivo de la Hacienda norteamericana. Pero los cálculos fiscales no son exactamente un escenario seguro para los espíritus creativos. Es una tarea muy disciplinada, con métodos y normas muy rí-

2. Hoy en día, MacConnection funciona mejor que Dell: se pide a medianoche y se recibe al día siguiente antes del mediodía.

gidas. Los fabricantes de TurboTax, MacInTax y otras empresas se dieron cuenta de que el proceso suponía un servicio perfecto para integrarlo en el software y venderlo como un producto de consumo. Su software hace las mismas preguntas que un proveedor de servicios, y aplica instantáneamente el mismo nivel de conocimiento, todo ello sin consumir el tiempo de profesionales altamente cualificados, que están muy ocupados incluyendo todavía más datos en su software.

A una escala mucho mayor, Systemanalyse und Programmentwicklung AG, o SAP, sustituye fundamentalmente los servicios tradicionales de integración de sistemas a la carta. SAP produce un tipo de software de gestión de operaciones que permite a las empresas integrar las actividades empresariales a lo largo de toda la cadena para conseguir una mayor velocidad y eficacia. Por ejemplo, vincula la compra de materias primas a la planificación de producción y a las previsiones de ventas en una amplia gama de situaciones. Antes de SAP, las empresas tenían que construir sistemas especiales que realizaran esa tarea o, incluso con más frecuencia, organizar distintos enlaces y conexiones entre una serie de sistemas dispares. SAP ha transformado lo que en su día fue la labor de una enorme y creciente industria de servicios de integración de sistemas en un producto que sólo requiere un potente software.

Como muestran estos ejemplos, cuando los servicios se convierten en ofertas que contienen un producto, un resultado habitual es el cambio hacia el autoservicio. Podemos estar seguros de que todas esas personas que trabajan de sol a sol en la oficina del abogado fiscal del barrio siempre tuvieron el equivalente de un MacInTax para ayudarles a trabajar con la eficacia de una cadena de montaje. Para Intuit, el paso más lógico fue poner dicha herramienta en manos del contribuyente individual y prescindir del intermediario. De manera similar, cuando los bancos proporcionaron a sus cajeros la tecnología de la información para desempeñar mejor su tarea, se hizo evidente que la disponibilidad limitada de los cajeros reducía un valor que no quedaba contrarrestado por el servicio personal que proporcionaban. El banco podía instalar un cajero automático en el edificio y dejar que los clientes realizaran sus propias retiradas y depósitos de dinero.

Andersen Windows proporciona otro buen ejemplo de la amalgama entre producto y servicio. La compañía advirtió que cada vez más constructores incluían ventanas no tradicionales como forma de distinguir entre casas y oficinas. Ello significaba que estaban contratando servicios de diseño y carpintería, en lugar de apostar por los productos de masas por los que Andersen era conocido. La empresa se movió rápidamente para frenar la deserción generalizada mejorando esos servicios de diseño y carpintería. Hoy en día, un comprador se puede sentar ante su PC y utilizar un programa especial de Andersen para diseñar su ventana perfecta y única. Cuando esté satisfecho del resultado, transmite simplemente la orden a Andersen para que construya la ventana elegida. En Baysport, Minnesota, la empresa ha reconfigurado sus procesos de ensamblaje para realizar esta labor personalizada de manera eficaz.

Uno de los últimos hitos en autoservicio es E*Trade, el servicio de intermediación en Bolsa en línea. De nuevo, la importante innovación es prescindir del intermediario poniendo la tecnología que utilizan los intermediarios de Bolsa en manos de inversores individuales. Citibank ofrece una posibilidad similar a nivel de empresa. Proporciona a los clientes una serie de productos integrados de software que les permite gestionar sus propias carteras de inversiones. El banco ayuda a fijar los parámetros de precio y riesgo que permiten a los clientes operar a su propia velocidad, e incluye herramientas de «asesoramiento» para ayudar en la toma de decisiones. En resumen, el consejero del inversor individual sigue los pasos evolutivos del cajero de banco.

Todas las empresas aquí descritas han conseguido presentar ofertas al mercado que se capitalizan en esta nueva economía. Sus productos incluyen servicios y sus servicios se entregan como productos. Cada ejemplo contiene una guía de cómo vender con éxito cualquier cosa hoy en día.

Los diez atributos de una oferta

No es sorprendente que muchas de las mejores ofertas que hemos apuntado sean creaciones de la industria del software. El software nació en la época del BLUR y es uno de sus principales valedores. Reduce el coste del servicio y aumenta su fiabilidad. Pero conforme existan más artículos que consideramos bienes cotidianos mejorados por el software, no será tan sólo la industria del software la que parezca confusa. Los microchips y los códigos están por todas partes. Forman parte de la planificación diaria, las llaves del hotel, los tostadores, los coches, las mascotas. ¿He dicho mascotas? Sí, en una variante del invento LoJack, una empresa canadiense introdujo implantes llamados PETrac en perros y gatos (en cuatro millones hasta ahora, y la cifra sigue subiendo) para recuperarlos en caso de pérdida. La red, que incluye oficinas de veterinarios y refugios para animales, ya ha devuelto más de 17.000 perros a sus dueños. ¿Se podrá aplicar a los niños, como medida de seguridad? Posiblemente. Hoy en día, hay más microchips que van a parar a entidades que no son ordenadores que a los ordenadores.

En 1975, el número de microcontroladores de los ordenadores igualaba a los instalados en cualquier elemento que no sea un ordenador. Hoy en día, las cifras han cambiado. Hay nueve veces más microcontroladores en no ordenadores que en las CPU de los ordenadores. Incluyen aproximadamente 9.000 millones de microchips en modems, teléfonos, mensajería, automóviles y productos electrónicos de consumo.[3]

A medida que nuestros bienes básicos de consumo contienen cada vez más software, podemos imaginar que dichos productos, el mundo que fabrican y las industrias que producen empezarán a comportarse de nuevas formas. El chip se convertirá en «objeto huésped», y el tostador, por ejemplo, adquirirá las cualidades del software. El asunto es que todo lo que construimos contendrá cada vez más software con el resultado de que todos los productos empezarán a comportarse como los de la industria del software,[4] lo cual significa que serán rápidos e intangibles. Y conforme el BLUR se traslade del período crucial de la era de la información al de la era de la conexión, también estarán interconectados. La siguiente tabla muestra los atributos de las ofertas combinadas.

CARACTERÍSTICAS DE LAS OFERTAS COMBINADAS		
Velocidad	Conexión	Intangible
Acceso y respuesta al cliente en todo momento Operación en tiempo real	En línea Interactivo Acceso y respuesta al cliente en todo lugar	Aprenden Anticipan Filtran Personalizan Mejoran

Analicemos con más detalle estas características, teniendo en cuenta que la característica más importante de todas las ofertas es que están conectadas.

3. Estudio de investigación de Ernst & Young, 1997. Véase Stan Davis y Chris Meyer, «They've Already Get Us Surrounded...What Happens When they Team Up?», *Forbes ASAP*, 1 de junio de 1998.

4. Kevin Kelly, «New Rules for the New Economy: Twelve Dependable Principles for Thriving in a Turbulent World», *Wired* (septiembre de 1997), págs. 140-197.

En cualquier momento

La accesibilidad para los usuarios en cualquier momento del día se está convirtiendo en una obligación para todo tipo de ofertas. ¿Quién se queja ya del horario bancario? Los que trabajan en el sector bancario siguen teniendo un horario reducido, pero sus ofertas ya no. En cualquier momento del día o de la noche, los titulares de cuentas pueden comprobar un balance, averiguar si se ha cobrado un cheque y transferir fondos, así como, por supuesto, ingresar y retirar dinero. El crecimiento espectacular de la industria de los pedidos por correo y, pisándole los talones, del comercio electrónico, se puede atribuir al deseo del público de realizar sus compras en cualquier momento. Conforme cada vez en más hogares trabajan ambos cónyuges, la demanda para el acceso intempestivo a los bienes y servicios ha aumentado y, con ella, la expectativa de un servicio de 800 números «7 × 24». *¿Vuestro negocio está disponible para los clientes en cualquier momento*?

En tiempo real

Esta necesidad de velocidad de respuesta en el entorno empresarial actual subraya la necesidad de sistemas que operen en tiempo real. En lugar de actuar sobre la experiencia histórica o las expectativas acerca del futuro, estos sistemas atrapan la realidad de lo que está ocurriendo ahora, y funcionan «al instante». Esta capacidad ha sido una bendición para los analistas de mercado, que de lo contrario deben confiar en la investigación de mercado, tradicional y asíncrona. Consideremos lo que ha hecho Coca-Cola con sus 800.000 máquinas expendedoras en Japón. Normalmente, los conductores de ruta que rellenaban y reponían las máquinas, a su llegada veían que a una máquina le faltaba Coca-Cola *light*, por ejemplo, o Sprite. Lo que no se sabía es cuándo se había acabado, o si se había acabado el Sprite porque los que no encontraron Coca-Cola *light* habían optado por el Sprite en segundo lugar. Las nuevas máquinas expendedoras de Japón proporcionan al personal de Coca-Cola esa información en tiempo real. Cada una de ellas dispone de un microprocesador que comunica las decisiones del cliente a un centro de distribución principal. En cuanto la máquina empieza a quedarse sin un refresco concreto, llama para pedir más. Coca-Cola tiene datos de la demanda por ciudad y hora del día, lo último en microsegmentación del mercado.

En el caso de un nuevo reloj creado por Seiko, tiempo real se traduce literalmente en tiempo real. El MessageWatch está equipado para recibir señales de satélite que lo actualizan automáticamente a la hora atómica (tal y como queda establecida por la Oficina Nacional de Estándares) al menos 36 veces al día. El receptor del reloj también puede recibir información variada en tiempo real, los precios de las acciones de Bolsa, por ejemplo, y verlos en la esfera del reloj. *¿Vuestro negocio puede operar en tiempo real?*

En línea

La clave para capitalizar sobre la conectividad permanente de la economía del BLUR es incluir la oferta en la red. Ello la mantiene continuamente conectada a la información en tiempo real. Un ejemplo perfecto es PCS Health Systems, la empresa farmacéutica de gestión de beneficios propiedad de Eli-Lilly. PCS utiliza un sistema informático en línea para conectar las 54.000 farmacias y los 50.000 farmacéuticos de su plan. Cuando un paciente presenta una receta, el software busca el historial del paciente para comprobar qué otras medicinas le ha prescrito en el pasado cualquier médico de la red independientemente del lugar de emisión de la receta. El software busca medicamentos que resulten peligrosos en interacción con la receta actual. Si los encuentra, aparece una bandera roja en el ordenador del farmacéutico, que avisa entonces al paciente y al médico. ¿El paciente sigue tomando la anterior medicación? Si es así, la nueva puede presentar problemas. Tan sólo en 1995, el sistema llevó a cabo casi 45 millones de interacciones, de las cuales 5 millones eran potencialmente fatales. *¿Vuestra oferta está en la red?*

Interactiva

Otra gran ventaja de los sistemas en línea que eliminan al intermediario, ya sea el agente de viajes, el cajero de banco, el agente de Bolsa (y algún día tal vez incluso el médico), es que se pueden hacer fácilmente interactivos. Pensemos en nuestra dirección favorita de Internet. La capacidad que proporciona para ver la información de manera selectiva, elegir distintos caminos y preguntar, y obtener respuestas a todo tipo de dudas, forma parte de su atractivo. Una dirección típica y muy rentable de Internet es CDNow, que permite a los amantes de la música solicitar cualquier grabación comercialmente disponible. Una versión primitiva de la página podría haber presentado simplemente un listado alfabético para consulta. Hoy en día, la página es extremadamente interactiva. Los clientes pueden buscar las grabaciones por compositor, nombre, estilo, artista, casa discográfica o cualquier otro criterio. La página de Barnes & Noble presta el mismo servicio para los amantes de la literatura.

Las ofertas de la red no son las únicas que se benefician de la interactividad. Algunas ofertas se comunican de manera mucho más local y, en realidad, existen las que sólo se hablan a sí mismas. «La manta con cerebro» de Sunbeam, por ejemplo, posee un mecanismo de termostato que indica cuándo enviar más calor a los pies y menos a los hombros. Miele, un fabricante alemán de aparatos de electrodomésticos, ha incorporado la interactividad a sus hornos de autolimpiado. Una unidad electrónica de control detecta el nivel de humo en el horno, la pureza del aire y el grado de restos de comida en las superficies, y controla automáticamente la duración del programa de limpieza en consecuencia. Las «pistolas inteligentes» de hoy en día producen menos estruendo y sólo se disparan en manos de sus legítimos dueños. Con un sistema de ese tipo, una señal de radio crea interactividad entre una muñequera y el mecanismo del gatillo. Sin esa conexión, la pistola no se dispara. *¿Vuestra oferta es interactiva?*

En cualquier lugar

De la mano del acceso en cualquier momento camina el acceso en cualquier lugar. Ésta es la otra mitad del auge de los pedidos por correo. A los compradores con demasiado trabajo les encanta poder comprar de todo, desde unas medias al jamón cortado en lonchas, sin moverse del cómodo sillón de su salón, o desde un teléfono móvil a 31.000 pies de altitud. Por supuesto, el teléfono, y ahora Internet, permiten el acceso a los intangibles, así como a muchos de los servicios de casi todas las ofertas. El truco reside en ser capaz de proporcionar servicio en cualquier lugar y de forma eficaz, y a cualquier hora. *¿Vuestra oferta está disponible para los clientes estén donde estén?*

Aprendizaje

Las ofertas empiezan a resultar realmente interesantes cuando permiten aprender. Es decir, cuando no sólo pueden recoger información sobre su uso, sino realizar modificaciones o iniciar una acción según esa nueva información. Aquí presentamos un ejemplo: en el vehículo de la Mercedes Sport de 1997, la trasmisión de cinco velocidades se adapta al conductor, lo que significa que analiza los cambios de marcha y las condiciones según los hábitos del conductor. Esta capacidad va más allá de resultar meramente programable, como los asientos ajustables de ocho posiciones, porque es la oferta misma, y no su propietario, la que realiza los ajustes. También va más allá de la capacidad de memoria (la clave de «canal anterior» del mando a distancia no cuenta). Tiene que ver con el reconocimiento activo de patrones.

¿Habéis recibido alguna vez una llamada del emisor de la tarjeta de crédito para comprobar una operación reciente? Cuando se hace bien, esta comprobación se produce porque la compra cae fuera del patrón de comportamiento que ha quedado establecido con el tiempo. El software del emisor ha aprendido nuestros hábitos y reconoce las desviaciones del patrón de conducta. El aprendizaje se convertirá en una característica todavía más importante de las tarjetas de crédito conforme vayan apareciendo las *tarjetas inteligentes*. Una tarjeta inteligente es fundamentalmente una tarjeta de crédito capaz de albergar gran cantidad de información sobre su usuario. Contiene un microcontrolador con 8 o 16 kilobytes de memoria, más la habitual cinta magnética de 200 bytes. Cada vez que se inserta una tarjeta inteligente en la terminal de un minorista, la máquina recopila datos sobre el comprador y sus compras. Inevitablemente, si los clientes no presionan en contra, los bancos que emiten esas tarjetas empezarán a vender la información que recogen los chips. Esto, a su vez, incluirá muchas otras ofertas en la curva de aprendizaje. *¿Vuestra oferta se hace más inteligente con el uso?*

Anticipar

Cuando las ofertas tienen la capacidad de aprender, sólo queda un pequeño paso para proporcionarles algo incluso más difuso: la capacidad de anticipar. Las ofertas que anticipan pueden extrapolar los patrones que han podido observar, prepararse para lo que sucederá probablemente a continuación y a veces incluso sugerirlo. Por tanto, el software de la red, como Firefly o Net Perceptions, es capaz de estudiar las compras anteriores de un usuario, compararlas con las de su más amplia población y hacer sugerencias de lo que le podría gustar ver o comprar en el futuro. Firefly funciona en direcciones como BarnesandNoble.com (para los amantes de la literatura) y myLAUNCH.com (para amantes de la música). MyYahoo!, mientras tanto, ofrece recomendaciones personalizadas de direcciones de la red basadas en las preferencias de los usuarios y permite a esos usuarios conocer a personas con gustos e intereses similares. En resumen, ha añadido a un servicio editorial las características de un producto. *¿Vuestra oferta anticipa las necesidades de vuestros clientes?*

Filtrar

Una forma concreta de personalización es el filtro de una amplia gama de información y decisiones que se presentan a los usuarios cada vez con más frecuencia. Filtrar es fundamental en muchas situaciones, aunque probablemente nunca tan importante como para los pilotos de aviones de guerra. Dada la velocidad y complejidad de estos aparatos, ningún piloto puede asimilar el torrente de información entrante en tiempo real. En lugar de ello, los sistemas inteligentes ayudan a filtrar el «ruido» (o material extraño que puede esperar hasta más tarde) de los datos y ofrece tan sólo la información pertinente para lo que intenta hacer el piloto, es decir, sobrevivir.

De vuelta en tierra, el sistema de filtro es el principal punto fuerte en la venta de PointCast, una fuente de noticias en línea y personalizadas. Sus usuarios seleccionan filtros de forma consciente para limitar las noticias que reciben a sus temas de interés. Otra oferta de filtro, CDNow, solicita a los usuarios registrados que indiquen si son, por ejemplo, fans del jazz fusión o de la música barroca. Entonces les envía mensajes de correo electrónico para informarles de los nuevos lanzamientos en sus áreas de interés.

Por cierto, la posibilidad de filtrar es uno de los temas más polémicos de Internet en la actualidad, y se centra principalmente en la Plataforma para la Selección de Contenidos de Internet, o PICS. PICS es un estándar propuesto que permite a cualquier grupo ofrecer su propio filtro sobre la red. Por tanto, la Liga Anti-Difamación podrá garantizar a sus miembros que navegan por Internet que no se encontrarán con ningún contenido antisemita, por ejemplo. Pero, por el mismo rasero, el gobierno chino podría usar los filtros para censurar las noticias, impedir a sus ciudadanos que se enteren de las luchas por la independencia en el Tíbet, etc. Los filtros son claramente un arma de doble filo. Pero en el mundo del BLUR, constituirán sin lugar a dudas una característica muy común de las ofertas comerciales. *¿Vuestra oferta proporciona tan sólo la información que desean vuestros clientes?*

Personalizar

La personalización es un tema fundamental que afecta a todas las ofertas citadas hasta ahora, ya se refieran a los ordenadores, los pantalones vaqueros o los libros. PointCast es el ejemplo de software del momento. Está diseñado para personalizarse y adaptarse a los nuevos intereses y necesidades concretas del comprador individual. Pointcast pide a los clientes que le indiquen sus preferencias. ¿Desea noticias de determinadas ciudades o sobre determinados temas? ¿Cuáles? ¿Quiere saber la previsión del tiempo? ¿Con qué frecuencia? ¿Y para qué ciudades? ¿Qué le parece analizar los precios de determinadas acciones?

Es casi seguro que dos copias de Pointcast no entregan las mismas noticias. Es lo que imaginó el escritor Nicholas Negroponte cuando predijo el «Daily Me»,[5] y está a años luz con respecto al periódico local o a cualquier otra cosa que no necesite un alto grado de conectividad. La personalización es un fenómeno de la economía del BLUR, y se está imponiendo. Muy pronto será totalmente inaudito publicitar un producto como «una talla que se adapta a todo». *¿Vuestras ofertas se pueden personalizar?*

Mejorar

Una característica distintiva de los productos de software es la corriente continua de mejoras que alientan. Una vez comprado un programa, no es necesario realizar una nueva compra de equipos para mejorar su funcionalidad. Se ofrece la mejora a un coste incremental, que representa tal vez un 20 % del original (o en casos como Netscape, completamente gratis). El software que hay detrás de las ofertas de servicios de teléfono y de cable las hace igualmente mejorables. Si deciden que desean HBO o llamada en espera, no es necesario cambiar la caja de cables o el teléfono. Se solicita simplemente esa nueva característica y alguien en algún lugar aprieta un botón. Y como el software está presente en todo tipo de bienes y servicios, podemos imaginar que éste será el caso incluso para las ofertas muy tangibles. Imaginemos que oímos hablar de un nuevo

5. Nicholas Negroponte, *Being Digital*, Nueva York, Knopf, 1995.

horno microondas que detecta cuándo un líquido que se está calentando ha alcanzado el punto de ebullición y se para antes de que el líquido se derrame. Una bonita característica, pero ¿merece la pena tirar el microondas que compramos al año pasado y gastarse otros trescientos dólares? Probablemente no. ¿Pero qué ocurriría si dicha característica se ofreciera como una mejora, al coste de 9,99 dólares y que no exigiera la sustitución del equipo? Cuando se pueden suministrar ofertas simplemente incluyendo las nuevas mejoras, los «cambios de modelo» se darán únicamente por cuestiones de estilo o estética, o para aprovechar plataformas completamente nuevas. Todo lo demás cambiará constante e incrementalmente. *¿Se pueden mejorar vuestras ofertas?*

En resumen, ¿todas vuestras ofertas del mercado tienen estas diez características? Si no, ¿a qué estáis esperando? ¡Empezad a combinarlo todo!

Todos los negocios se convierten en un negocio de software

Todos aquellos que diseñan software de red tenían una tremenda ventaja durante la primera fase del BLUR: no tenían más remedio que pensar en términos de ofertas; no existía una historia que limitase la orientación hacia tan sólo un producto o un servicio concreto, la orientación hacia tan sólo una de esas dos características. Para los diseñadores de otros tipos de ofertas, los que tienen antecedentes de servicios o productos, el problema puede ser mucho mayor. El propósito a la hora de analizar las diez características anteriores es ayudar a iniciar la reconceptualización exigida por estos negocios ya más establecidos.

Si pensáis que esta revolución es sólo para los productos y servicios de alta tecnología, consideremos la industria del automóvil. Existen pruebas de que incluso el perro más viejo puede aprender nuevos trucos. Los fabricantes de automóviles, esos iconos de la era industrial, se han esforzado por crear productos basados en el conocimiento que se complementen con un excelente servicio. Como escribió Todd Lappin en *Wired*:

> Si eliminamos el elegante revestimiento de fibra de carbono de un coche actual, nos encontraremos con un complejo sistema nervioso de cables entrelazados, sensores de precisión, LCD, cajas negras electrónicas y equipos de comunicación sin cable de amplio espectro. Los coches de hoy en día están equipados con un sistema de comunicación por voz bidireccional y todo el hardware necesario para trasmitir mon-

tones de telemetría de funcionamiento en tiempo real a los boxes, donde una nueva cosecha de técnicos de carreras conocidos como DAG —abreviatura de Colegas de Adquisición de Datos— utilizan ordenadores personales que controlan el impulso de una terminal de datos de 800 caballos de potencia por control remoto mientras se mueve alrededor de la pista de carreras a más de 350 km/hora.[6]

Y no son sólo las carreras de coches las que aplican esta sofisticada tecnología que completa el matrimonio entre producto y servicio. La mayor parte de los vehículos nuevos incluyen una serie de chips de ordenador; de hecho, un porcentaje cada vez mayor de los costes y tal vez hasta el 90 % de su valor reside en sus ordenadores y en el software que utilizan. Algunos de estos chips están destinados a establecer la conectividad y la interactividad entre distintas partes del vehículo. Los airbags, por supuesto, se despliegan al primer indicio de impacto. Los sistemas de frenos antibloqueo se ponen en marcha cuando los sensores detectan un reventón. Cadillac ha desarrollado sensores que pueden sacar a los conductores de sus coches del apuro de un patinazo sin contar con su ayuda. El software compara la dirección en la que conduce el piloto con la dirección hacia la que se dirige realmente el coche. Si deduce que el vehículo está fuera de control, activa un sistema de control de tracción para enderezarlo. Toyota está yendo un paso más allá. Con el vehículo de seguridad avanzada que la empresa está actualmente probando, distintas cámaras y radares a bordo del vehículo detectan si el coche se dirige hacia un objeto sólido. Si el conductor no pisa el freno, el coche hace sonar dos avisos, y acto seguido frena por él.

Muchas otras innovaciones en la industria del automóvil permiten que el vehículo interactúe con el conductor. Los compradores de modelos recientes de Mercedes, por ejemplo, saben que no tienen que adaptarse a un programa regular y basado en los kilómetros para los cambios de aceite y el líquido de transmisión. En lugar de ello, la necesidad de los cambios se determina de manera electrónica. También los neumáticos han alcanzado la posibilidad de comunicarse. Los neumáticos de movilidad extendida de Goodyear, ya disponibles en los Chevy Corvettes y en los Plymouth Prowlers, utilizan un sistema de sensor de baja presión para alertar a los conductores cuando se está desinflando una rueda. Y, ¿qué le parece esto para la intimidad del conductor? El nuevo vehículo seguro de Toyota nos da un fuerte golpe en la espalda si detecta que nos estamos durmiendo (dicha incorrección se aplica sólo como último

6. Todd Lappin, «The Ultimate Man-Machine Interface», *Wired* (octubre de 1995), págs. 124-188.

recurso, por supuesto. Primero, el sistema de advertencia muestra una imagen de una taza de café en el panel de mandos, activa distintos dispositivos ruidosos y grita: «¡Despierta!». Si todo ello no da resultado, opta por la solución a la postre más eficaz).

La siguiente fase para convertir los automóviles en ofertas supone permitir a su software de a bordo interactuar con entidades totalmente externas. Los vehículos con sistemas de navegación ya pueden conectar con sistemas de posicionamiento globales por satélite y emplear bases de datos de mapas muy completas. Muestran dónde nos encontramos en cada momento, siguen nuestros avances por la carretera y emiten direcciones hacia nuestro destino. Lo siguiente será las direcciones de Internet para coches. El sitio de Mercedes sobre prototipos de ruedas en Internet permite un acceso telefónico entre, por ejemplo, un coche y un centro de servicio de Mercedes. Los datos del software de diagnóstico a bordo del vehículo se pueden descargar para su análisis. Las mejoras procedentes del centro de servicio, un ajuste de tiempo para mejorar el kilometraje con una gasolina concreta, por ejemplo, son igualmente fáciles de transferir. Una posibilidad similar está siendo simultáneamente desarrollada por Porsche en colaboración con Siemens. El servicio OnStar de General Motors se alerta cuando se despliega el airbag, y llama al teléfono móvil para saber si ha ocurrido algo. Si no hay respuesta, OnStar solicita ayuda.

La razón para todos estos ejemplos de automoción es muy sencilla: si ellos pueden hacerlo, nosotros también. Los fabricantes de coches se han dado cuenta de que la gente no compra coches y camiones; compra un medio de transporte agradable, cómodo y seguro. No quieren sólo un producto y no quieren sólo un servicio. Así que hay que pensar en lo que vendemos. ¿Ya está conectado en línea? ¿Qué partes podrían estarlo? ¿Cómo podría ser más interactivo? ¿Cómo le gustaría personalizarlo al comprador? Si introdujéramos un microchip dentro, ¿qué tipo de información podría recoger? Volvamos a la lista de características señaladas anteriormente. ¿Cómo puede vuestra oferta atender todas esas demandas?

Cuando terminéis este análisis, habréis creado una verdadera oferta, proporcionando a vuestros productos la adaptabilidad de los servicios, y a los servicios la economía de los productos.

Cómo gestionar una oferta

Vale la pena repetirlo: si pensáis que vuestro negocio es sólo de productos o sólo de servicios, hay que replantearse el asunto. Para sobrevivir y triunfar, hay que estar en ambos negocios. Esto significa probablemente que todo el enfoque empresarial (por ejemplo, en qué variables nos concentramos, cómo se gestionan los costes, la filosofía de precios) tendrá que cambiar. La distinción entre productos y servicios está muy afianzada en las empresas. Dependiendo de si nos consideramos una empresa de productos o una empresa de servicios, se piensa de forma distinta acerca de casi todo. Pero las dicotomías que siempre habíais creído que existían en los negocios de productos y de servicios tendrán que resolverse a la luz del BLUR. El gráfico muestra las que nos vienen inmediatamente a la memoria, explicadas en el texto que le sigue.

PUNTO DE VISTA EMPRESARIAL

CARACTERÍSTICAS	**Producto**	**Servicio**	**Ofertas**
Horizonte de tiempo	Tiempo de venta	Período de contrato	Duración de la necesidad del cliente
«Preocupaciones» del comprador	Precio, entrega, comodidad	Apoyo continuo	Posibilidad de mejora
Concentración principal en los costes	Costes directos	Costes periódicos	Costes de diseño
Fuente de valor	Proceso de fabricación	Formación, mantenimiento	Plataforma
Diseño	Fijo, uniforme	Personalizado	Aprendizaje
Modelo de ingresos	Precio	Período de suscripción	Precio de la suscripción y del uso
Objetivo publicitario	Lealtad a la marca	Construcción de una relación	Construcción de la comunidad

Horizonte de tiempo

Las compañías de productos siempre se han centrado en un «momento de la verdad» en su negocio: el momento en el que se realiza la venta. Los negocios de servicios, por otro lado, han mantenido un horizonte más lejano en mente. Saben que tendrán que tratar con un comprador durante un determinado período de tiempo. Desde luego, conforme productos y servicios se convierten en ofertas, es ese marco de tiempo más extenso el que prevalecerá. De hecho, las ofertas ganadoras tendrán un punto de vista más a largo plazo, se concentrarán en el ciclo vital completo de las necesidades de un cliente. En un sentido limitado, eso es lo que el fundador de General Motors, Alfred Sloan, tenía en mente cuando creó distintas líneas de coches: esperaba vender a los jóvenes Chevrolets, cuando se convirtieran en cabezas de familia Oldsmobiles y, por fin, cuando alcanzaran el éxito profesional venderles un Cadillac.

Hoy en día, las ofertas pueden beneficiarse de la conectividad y las mejoras para satisfacer las necesidades cada vez mayores de los clientes. Supongamos que nuestros clientes viajan mucho. Si tuviéramos una mentalidad de producto, tal vez publicaríamos guías de viaje y nos centraríamos en las ventas en librerías. Si nos orientáramos hacia el servicio, podríamos dirigir una agencia que sugiriera itinerarios y realizara las reservas. Pero si estamos orientados hacia las ofertas, tal vez lanzaríamos algo parecido a Epicurious.com, la dirección de Internet que aplica las diez características para crear una comunidad virtual para los viajeros. Además del contenido de la guía de viajes y de los servicios de reservas, la dirección de la red proporciona un foro en el que describir las aventuras vividas y recoger ideas para las futuras. Responde a la continua pasión por los viajes de sus clientes.

Las «preocupaciones» del comprador

¿Qué es lo que más importa a los clientes a la hora de decidirse a comprar algo? Los directivos de los negocios tradicionales de productos tienden a pensar que primero es el precio y luego la entrega y la comodidad. Sus colegas de los negocios de servicios lo ven desde otro punto de vista. Para ellos, a los compradores les interesa sobre todo tener un apoyo constante. De nuevo, los gestores de ofertas coinciden con los de servicios, pero llevan la idea de apoyo un paso más allá. Creen que lo que importa a los compradores es la capacidad de mejorar la oferta conforme cambien las condiciones o necesidades, lo cual tiene mucho sentido: si os garantizan que el ordenador que habéis comprado servirá para los próximos diez años, ¿no pagaríais un precio más elevado? Los consumidores están tan intimidados por la posibilidad de que el producto quede obsoleto que optarían por un bajo riesgo antes que por un bajo precio.

Miele lo hace más explícito: introducirá una mejora en los ciclos de lavado de los lavaplatos si los detergentes, los platos o la calidad del agua cambian.

Centrarse en el coste

A los directivos se les paga para preocuparse por los costes. No sirve de nada vender la oferta de manera entusiasta si los costes están absorbiendo todos los beneficios. Así que los directivos que se centran en el producto otorgan mayor importancia al trabajo directo y las materias primas, a todos esos costes que aumentan por volumen de unidades. Los directivos orientados hacia el servicio, por otro lado, prestan más atención a los costes periódicos. El alquiler, las nóminas y los gastos generales son factores clave para ellos.

Ninguno de estos elementos constituye la preocupación principal del directivo de ofertas. En lugar de ello, su caballo de batalla son los costes de diseño. Pensemos en el software y, por extensión, en cualquier oferta que requiera un potente software. La primera copia cuesta un riñón; las demás cuatro duros. Mientras tanto, toda esa demanda de mejoras hace que cada vez sea más difícil conseguir un auténtico diseño de vanguardia, ya que debe anticipar con la mayor precisión posible hacia dónde se dirige el entorno empresarial y tecnológico.

Fuente de valor

Otro factor que los directivos de servicio y de producto consideran de manera distinta es la fuente de valor, es decir, el punto en el modelo empresarial donde se añade más valor. Para el personal de producto, reside en el proceso de fabricación. El producto es tan valioso como lo que valdrá cuando salga de la cadena de montaje. Para maximizar este valor, se centran en ideas como el «diseño para la fabricación», algo que garantiza que los ingenieros crearán diseños que se puedan realizar desde un punto de vista económico. Para el personal de servicios, el valor se añade por el camino, en actividades como la distribución, la entrega y la formación, o proporcionando las herramientas que faciliten el mantenimiento. En una oferta combinada, se añade un valor extraordinario en muchos de estos puntos, pero el valor más importante se deriva de la plataforma subyacente a la oferta. Esto es lo que permite que se puedan realizar con eficacia las futuras mejoras, y por tanto es lo que el gestor de ofertas tiene que conseguir. Volviendo a los ordenadores: si se puede cambiar la placa madre para mejorar el procesador, añadir megas de RAM, comprar un disco duro de mayor capacidad, mejorar el módem y las tarjetas de red y conectarle un nuevo monitor, ¿qué hemos comprado? Hemos comprado una plataforma que nos permita mejorar conforme cambien las necesidades y la tecnología.

Diseño

Tal vez la mayor dicotomía entre directivos de productos y de servicios se ha producido en la importancia que otorgan al diseño. Los productos siempre se han caracterizado por su diseño fijo y uniforme, mientras que los servicios siempre han ofrecido personalización. Un carpintero está vendiendo un servicio y no un producto cuando enfoca un proyecto nuevo. Cuando construye para almacenar, montando armario tras armario, siempre de las mismas dimensiones, está vendiendo un producto. En el mundo de la oferta, el diseño tiene la característica de la personalización, pero va un paso más allá. Las mejores ofertas están diseñadas para *aprender*, para evolucionar con el tiempo según sus distintos usos. Para los directivos de los productos y servicios actuales, el diseño para el aprendizaje puede ser el cambio de mentalidad más importante. Pero cuando se desea mantener al cliente hasta cubrir todo su abanico de necesidades potenciales, puede ser la que tenga un mayor potencial de gratificación.

Modelo de ingresos

¿Qué es lo que genera los ingresos? En los negocios de productos, el precio, simple y llanamente. Fijar el precio correcto es una preocupación empresarial elevada a ciencia. Si aumentamos el precio de la mercancía, los ingresos subirán, a menos que los fijemos tan altos que desanimemos al comprador. Encontrar el precio perfecto por unidad es de suma importancia y los investigadores de mercado cobran una pequeña fortuna por estudiar la elasticidad de los precios de distintos segmentos del mercado. En los negocios de servicios, los directivos tienen un modelo distinto. Sus precios suelen estar basados en períodos de tiempo y cuotas de uso, tales como cargos por hora para la gente de servicio. Pero cuando los que presentan ofertas aprenden a observar a sus clientes y sus hábitos de compra, el interés se desplaza hacia el valor del cliente por encima de la duración de su necesidad concreta. El negocio del teléfono celular ha analizado este hecho en profundidad. Estas empresas saben exactamente cuánto beneficio reportará cada cliente durante los próximos años, y refinan sus ofertas proporcionando gratis mejoras en los teléfonos cada cierto tiempo para asegurarse de que no se pasan a otro proveedor.

Así que ¿cuál es el modelo correcto de precios para una oferta? Un ejemplo prometedor es el empleado por el grupo de usuarios de Claris Work. Sus miembros pagan una suscripción por entrar en el grupo y, gracias a esta pertenencia, tienen derecho a comprar software y servicios que sólo se ponen a disposición del grupo. También proporcionan servicios indirectamente facilitando el acceso a otros usuarios. El modelo combina cuotas de suscripción y de usuario que otras ofertas podrían imitar.

Objetivo publicitario

Cuando los negocios de productos y de servicios envían a sus ejecutivos de marketing al campo de batalla, ¿qué órdenes reciben? En un negocio de productos, normalmente el objetivo es conseguir fidelidad a la marca. La idea es inspirar compras repetidas, una especie de cadena de operaciones continua. Desde el momento en que este hecho no queda asegurado únicamente con la calidad del producto, el arma para inclinar la balanza es la publicidad en los medios de comunicación de masas. Una marca de la que el consumidor ha oído hablar le dará la impresión de ser de confianza. Los negocios de servicios apuntan más alto. Intentan establecer relaciones continuas con sus clientes. Construir una relación en un campo de golf o en escenarios menos lúdicos es la clave para retener a un cliente. De nuevo, los gestores de ofertas harían bien no sólo en adoptar la mentalidad de servicio, sino también en llevarla más lejos. Algunas de las mejores ofertas son aquellas que llevan a los consumidores a relaciones que incluyen comunidades más amplias en las que él desea participar. La fidelidad proviene de un sentido de pertenencia a una comunidad que se ha reunido gracias a la oferta. Por ejemplo, Procter & Gamble estableció una comunidad de interés en Internet llamada Parentalk.com, un lugar donde padres y madres pueden interactuar entre ellos e intercambiar información sobre productos infantiles.

Y no nos olvidemos de los niños. Beanie Babies empezó como un producto pero ahora también es una dirección de Internet. Cada «personaje» mantiene un diario y correspondencia con sus fans. Esta comunidad proporciona información a la empresa y también crea una demanda. La empresa «mejora la calidad» dejando de fabricar modelos muy populares, que poco después se convierten en piezas de colección.

Probablemente existen otros aspectos de la gestión que están enraizados en el mundo de los servicios o de los productos y que deben adaptarse a la oferta combinada. Nos gustaría saber cuáles son; y nos gustaría también que nos lo dijerais vosotros. Recordad que este libro no es sólo un libro, es una oferta. Incluyéndolo en una dirección de la Web, poniéndolo en línea, haciéndolo interactivo, permitiéndole aprender, estamos intentando poner en práctica lo que predicamos. No es fácil. Somos profesionales formados en una industria de servicios, que producimos una cosa, un libro, que siempre se ha vendido como un producto.

En el caso del BLUR, esperamos lanzar una oferta de éxito. Si nosotros lo podemos hacer, vosotros también. Pero no podemos hacerlo sin vuestra ayuda.

¿Habéis considerado las diez características de las ofertas? ¿Cómo podéis aplicarlas a vuestros negocios? ¿Qué cambios en el precio, el concepto de valor, la gestión, etc., tendríais que realizar para gestionar la oferta de manera eficaz?

y

¿Habéis visto ejemplos de esas ideas? ¿Qué preguntas tenéis? Podéis contactar con nosotros en www.blursight.com.

3

EL INTERCAMBIO

CADA COMPRADOR UN VENDEDOR, CADA VENDEDOR UN COMPRADOR

La diferencia entre compradores y vendedores se difumina hasta el punto en que ambos forman parte de una red de intercambio económico, informativo y emocional.

Cuando los clientes de Harley-Davidson compran sus caras y distintivas motocicletas, están pagando por algo más que una máquina de hacer kilómetros. Están pagando su entrada en una comunidad de devotos de mentalidad similar que comparten una pasión por todo lo que vende Harley, ya sea ropa de marca, calcomanías o incluso desodorantes. Los moteros más fanáticos, ya se sitúen en la parte delantera o trasera, afirman todavía con más fuerza su indeleble lealtad a la marca con tatuajes de Harley-Davidson.

Cuando las guías Zagat ganan dinero, recogiendo y publicando calificaciones gastronómicas de restaurantes, la editorial está gestionando un intercambio múltiple: los clientes empiezan a comparar notas y dicen a los propietarios de los restaurantes lo que opinan de sus ofertas, para después llevarse un ejemplar de la guía. Los restauradores, a su vez, obtienen una retroalimentación muy válida sobre cómo aumentar su clientela.

Cuando Citibank proporciona salas privadas de charlas en la Web para sus clientes, les permite acercarse más unos a otros, y al banco. Pueden pedir consejo sobre temas como la inversión en bienes inmuebles, o intercambiar información con personal con objetivos profesionales y económicos similares. Y Citicorp aprende mucho sobre los gustos y preferencias del consumidor.

El comercio solía ser muy sencillo. Había compradores y había vendedores. El vendedor traía un producto o un servicio, y el comprador traía dinero en efectivo. La transacción era directa. El precio era el precio. Hoy en día, en un número cada vez mayor de operaciones comerciales, es difícil determinar quién es el comprador y quién es el vendedor. Muchas veces, cada uno de ellos desempeña un doble papel. E incluso cuando los papeles están claros, la forma de pago es más complicada. Las distintas partes se ven recompensadas no sólo con dinero, sino con información y emoción, por ejemplo. Gracias a las fuerzas del BLUR, sobre todo al aumento de intangibles como fuente de valor y a la extensión de la conectividad, las transacciones son de todo menos directas. De lo único de lo que se puede estar seguro es de que el precio ya no es el precio.

Un ejemplo sencillo son las *dietas de distribución*, las cuotas que un fabricante de bienes de consumo paga a un minorista para que éste le asigne un espacio en las estanterías para su producto nuevo. Por varios centímetros a la altura de la vista en un lugar preferente de la sección de galletas, se pueden pagar hasta mil dólares por estantería.[1] Pensemos un momento en este hecho. El minorista es el cliente que compra producto al fabricante, el vendedor. Así que ¿qué hace el vendedor dando dinero al comprador? El fabricante está comprando servicios de marketing al minorista al mismo tiempo que le vende el producto. Están inmersos en un intercambio.

A primera vista, esos pagos parecen una extorsión pura y simple. Pero tienen sentido desde el punto de vista empresarial si pensamos que, hasta que el producto empieza a venderse, el local del minorista es más importante que el producto en sí. El coste de oportunidad es alto. Los fabricantes lo saben, y lo cobran en metálico.

La diferencia se vuelve muy borrosa cuando observamos que el pago monetario es tan sólo una parte de cualquier operación comercial. La auténtica novedad de la economía del BLUR es que otros elementos, sobre todo la información y el compromiso emocional, constituyen una proporción cada vez mayor del valor que se intercambia en ambas direcciones. Hemos alcanzado el punto de la historia en que los intangibles empiezan a cobrar toda su importancia.

Amazon.com, la librería en línea, es un ejemplo elegante. Si la totalidad del negocio fuera simplemente pedir libros por correo, habrían quebrado en una semana. Incluso con precios de descuento para contrarrestar los gastos de envío, los compradores de libros no tolerarían un retraso en la entrega. Amazon.com entiende que su punto fuerte con respecto a las librerías convencionales es su capacidad para proporcionar mucha más información (personaliza-

1. La experiencia de RW Frookies, Inc., referida por INC. Online, «Cookie Monsters», de Paul B. Brown, febrero de 1989.

da), recoger y enviar recomendaciones de lectores y crear comunidades de personas con los mismos gustos e intereses.

Los clientes pagan a Amazon.com no sólo en dinero, sino con todo tipo de información valiosa para sus ventas y esfuerzos de marketing. Su dirección en Internet recoge críticas de lectores y paga cada mes mil dólares en libros al crítico aficionado que presente el artículo mejor escrito. La página también busca cestos de compras virtuales, de forma que puede informar a alguien que busca un título determinado sobre qué otros libros fueron elegidos por los compradores que adquirieron ese libro concreto. Mientras tanto, miles de visitantes han informado a Amazon.com de sus autores, temas y categorías de libros favoritos, y desean que les avisen cuando aparezcan nuevos títulos. Esta especie de lista de marketing especializada y seleccionada por uno mismo es el sueño de cualquier ejecutivo de marketing directo.

Este tipo de ejemplos se convertirán pronto en la norma, por lo que las definiciones de los términos de «comprador» y «vendedor» ya no son correctas. Implican que el único intercambio es el tradicional en dos direcciones donde se intercambia dinero por bienes o servicios. La verdad es que existen todo tipo de valores flotando en uno y otro sentido en una economía conectada. Y todos esos intercambios se están produciendo a tal velocidad que no hay ni tiempo ni necesidad de traducirlos a términos monetarios concretos. «Vendedor» y «comprador» ya no describen lo que está sucediendo realmente. En lugar de ello, debemos hablar de intercambio mutuo.

LA AUTOPISTA DE INTERCAMBIO DE SEIS CARRILES

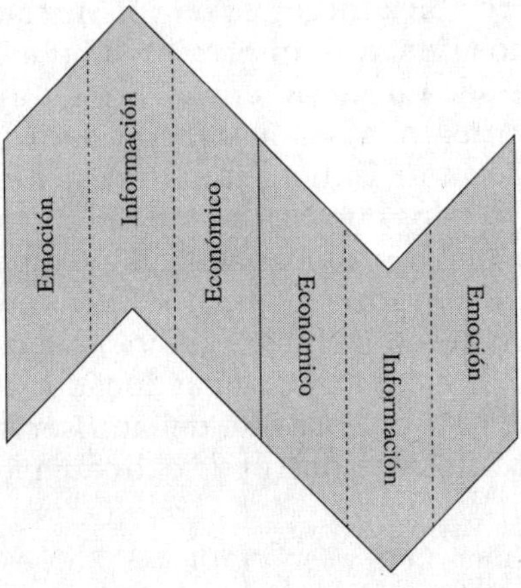

LA AUTOPISTA DE SEIS CARRILES

Una metáfora sencilla para lo que está ocurriendo es reconocer que una carretera de dos carriles se está transformando en una autopista de seis. En las carreteras del pasado, sólo había un carril de tráfico para cada sentido; el cliente venía en una dirección con dinero mientras que el vendedor venía por el otro lado con un producto o servicio que ofrecer. Hoy en día, estamos hablando de tres carriles en cada dirección. Como muestra el dibujo, ese carril todavía soporta el tráfico económico (incluidos algunos nuevos giros); el segundo se compone de intercambios informativos; el tercero transporta intercambios de valor emocional. Estos patrones de tráfico son clave para el acercamiento comprador/vendedor. Merecen un análisis más detallado.

El carril económico

El tráfico en los carriles económicos nos suena familiar. Comprende la mercancía y el dinero que pagamos por ella, como ya hemos comentado. Pero es un flujo más complicado porque incluye variaciones que antes no existían, nuevas formas de valor económico creadas por la conectividad, la velocidad y los intangibles.

Por el lado de los vendedores, están apareciendo formas totalmente nuevas que les permiten proporcionar un beneficio económico a los compradores. Los premios a los usuarios frecuentes del avión constituyeron, por supuesto, un ejemplo pionero, que incluía el intercambio de vuelos gratis a cambio de lealtad e información por parte del cliente. De nuevo, es lo contrario de lo esperado: los vendedores solían recibir dinero, no darlo. Muchos suministradores de bienes y servicios tienen la impresión de que entran en la autopista económica desde un carril lento. Pero en una economía compleja y altamente integrada, no hay razón para que el dinero fluya tan sólo en una dirección. Superquinn, una cadena de supermercados de Irlanda, paga a los clientes que le señalan problemas. Si una pizarra contiene faltas de ortografía, el cliente que advierte el hecho obtiene un pastel de manzana de regalo. El cliente que se da cuenta de que el termostato del congelador no funciona correctamente, o de que un producto de la estantería está caducado, obtiene una recompensa en metálico.[2] Esto va más allá del autoservicio, el comprador está vendiendo servicios de control de calidad a la tienda.

2. Véase Feargal Quinn, *Crowning the Customer*, Dublín, O'Brien Press, 1990.

¿Qué ocurre cuando los fabricantes de coches ofrecen descuentos sobre las ventas de un coche nuevo? Básicamente, ofrecen dinero en metálico para que los compradores elijan su modelo y no otro de la competencia. En el resultado final del fabricante, se contabiliza como un precio de venta, pero la mecánica de la financiación a largo plazo le ofrece un producto más atractivo al comprador. Normalmente, el cliente acabará pagando el precio del coche con el tiempo, pero el descuento le permite ahorrarse dinero en metálico al inicio. Algo parecido sucede con los programas de clientes habituales de las líneas aéreas. En este caso, las empresas intercambian transporte por dinero. La cantidad de dinero depende, en parte, de la conexión emocional del comprador con el vendedor (una mejora para el cliente habitual, por ejemplo), así como de intangibles como la preferencia (¿desea comprar flexibilidad total? Pague la tarifa completa). La acumulación de kilómetros para compensar las mejoras gratuitas y los viajes de negocios son una forma de pago para influir en las decisiones de compra. Estos programas han sido tan enormemente populares para conseguir clientes fieles que se han extendido a todo tipo imaginable de negocios, desde supermercados a limpieza de zapatos. Lo que empezó como un sistema para mejorar el intercambio económico mediante complicadas estructuras de descuento se ha convertido en un intercambio emocional. Tratando de manera especial a sus clientes de AAdvantage Platinum, American Airlines crea una sensación de satisfacción y pertenencia que se traduce en lealtad.

La mayor conectividad también está causando un mayor acercamiento entre vendedor y comprador, porque añade más personas a un intercambio determinado, en complejas operaciones de tres, cuatro o más direcciones. Para comprender cómo funciona este fenómeno, analicemos primero un negocio donde siempre ha ocurrido de esta manera: la publicación de revistas. A primera vista, podría parecer que una revista como *Vanity Fair* implica un claro comprador, las personas que se autoconsideran a la moda, y un claro vendedor, la editorial. Pero pensemos un instante: ¿el comprador está comprando lo que el vendedor está vendiendo? De hecho no, porque lo que la editorial, Condé Nast, está empeñada en vender es publicidad (es decir, la atención del lector). A un precio de suscripción de doce dólares, los compradores de revistas apenas arañan la superficie de los costes de los contenidos editoriales que valoran. Así que son los Armani y los Breitling del mundo los auténticos compradores de lo que obtienen los lectores y, por supuesto, estos anunciantes son los vendedores más evidentes de las páginas de la revista.

La cadena tiene también otros enlaces. Las agencias de publicidad que representan a los anunciantes preparan anuncios y pueden o no ser las mismas entidades que los compradores de medios de comunicación, que compran espacio a la revista y ganan una comisión del 15 % sobre lo que gasta un anunciante. La editorial suma a sus ingresos la venta de la lista de sus suscriptores a otras publicaciones y marketing directo para productos y servicios. Así que los contribuyentes de las editoriales populares ganan dinero para los compradores de medios de comunicación incrementando la tirada, y para la editorial aumentando la lista de direcciones de clientes.

Este modelo de revista es, por supuesto, el mismo usado por la radio y la televisión. Incluso las compañías telefónicas están empezando a experimentar con este sistema. Hoy en día, en París, los residentes pueden elegir tener un servicio telefónico local sin coste económico, siempre que estén dispuestos a escuchar un mensaje de quince segundos antes de realizar una llamada. Y como el triángulo anunciante-medio-suscriptor se entiende a la perfección, se está extendiendo a otros medios de comunicación, como la World Wide Web. Para muchos negocios con sede en la red, incluido PointCast (el servicio de noticias personalizado del que ya hemos hablado), la venta de publicidad en la pantalla es la única fuente de ingresos. Los anunciantes subvencionan en su totalidad los servicios que los usuarios consiguen gratis.

Al menos un negocio con sede en Internet, Juno, ha llevado las cosas un poco más lejos, adoptando un modelo empresarial más parecido a un comprador de medios de comunicación que a una revista. Obtiene el derecho a mostrar mensajes publicitarios a los suscriptores (básicamente, comprar espacio publicitario en la pantalla) dándoles a cambio algo que ellos valoran: servicio gratuito de correo electrónico y de software. Es un ejemplo perfecto de un intecambio en la era del BLUR. ¿Aquí el comprador es Juno, el que paga por el software y los servicios? ¿O el comprador es el usuario, ya que es él el que presta atención? ¿O es el anunciante, que realmente desea la atención?

Los sistemas de intercambio múltiples como éste están sustituyendo cada vez más a las operaciones tradicionales de vendedor a comprador. Y claramente, el modelo de revista no es la única forma en la que múltiples compradores y múltiples vendedores pueden reunirse en intercambios económicos complejos y multidireccionales. ¿De dónde saca sus beneficios American Airlines? ¿De las cuotas que se cobran por los anuncios publicitarios de la película de a bordo? ¿De las comisiones de las llamadas de Airfone? O consideremos los supermercados, que pueden sacar más dinero con la publicidad, con las «dietas de distribución», que vendiendo alimentos. Cada vez se presentan más posibilidades de aumentar los ingresos. Por ejemplo, pronto tendremos la oportunidad de ver a grupos de consumidores, titulares de la tarjeta de crédito de American Airlines, por ejemplo, conectándose para comprar grandes cantidades de billetes con la posibilidad de obtener precios muy ventajosos. Sus miembros no tendrían que vivir en el mismo vecindario, ciudad o Estado. De forma similar, múltiples productores podrían unirse para crear ofertas que busquen los precios más ventajosos en el mercado para una determinada mercancía. Un ejemplo podría ser un coche, para el que los pagos mensuales cubren el servicio de deuda sobre la compra, el seguro, la gasolina y el mantenimiento programado. O un traje especial, con accesorios diversos y vales para limpieza en seco gratuita. Podremos ver incluso instalaciones locales que se suman a esta moda, o más lejanas, cuando este sector se liberalice. ¿Por qué no comprar ropa blanca y el jabón para lavarla en un solo contrato? Para una familia con mucha colada, y que a menudo lava ropa que destiñe, el precio final podría reducirse con el uso. Todavía mejor, ¿por qué no podrían grupos de amas de casa equipadas con paneles solares canalizar su potencia sobrante a empresas de servicio público a cambio de servicios de televisión por cable? (de nuevo, ¿quién es el comprador?, ¿quién es el vendedor?).

Con suficiente conectividad en la economía, no existe límite lógico o práctico para el número de compradores o vendedores que pueden participar en un intercambio, o participar por ambos lados. En última instancia, en el carril económico, un registro de caja universal regido por un chip podría simplemente cobrar a los compradores, realizar ajustes especiales de precios para viajes frecuentes o grupos numerosos, y enviar los pagos a distintos vendedores, muchos de los cuales están muy lejos de su punto inicial de venta. ¿Esto no describe a la industria cinematográfica actual? La estrella obtiene un porcentaje del producto en bruto, la sala de cine obtiene una cuota negociada, Technicolor un precio por copia, y el precio que paga un espectador por una entrada de cine depende de la hora de la película y de la edad del cliente. El asunto es que todos los negocios funcionarán de esa manera. El resultado neto es que se intercambian las ofertas entre una red de jugadores, no sólo por dinero, sino también por otro valor intangible.

El carril de información

Donde realmente se están empezando a poner interesantes los intercambios de valor, y también complicados, es en los carriles centrales de la autopista de seis carriles. Éstos transportan un tipo de valor distinto que el meramente económico: soportan intercambios de información. De nuevo, no se trata de una calle de sentido único. Fluye al menos tanta información de valor de compradores a vendedores como en sentido contrario.

Esto no siempre ha sido así. Anteriormente, los compradores tenían bastante poco que decir en una transacción. La información que cambiaba de manos iba principalmente de vendedor a comprador y adoptaba formas muy convencionales. El vendedor de un electrodoméstico nuevo proporcionaba el manual del propietario. O Clairol, por ejemplo, proporcionaba un número de 800 líneas para que los clientes llamaran solicitando ayuda si el cabello quedaba de un color distinto al deseado. Pero en los casos en que se proporcionaba, el valor de información era un añadido *a posteriori*, un pequeño extra a una transacción fundamentalmente económica. Ha llovido mucho desde entonces. Hoy en día, los suministradores de bienes y servicios consideran el contenido informativo de su oferta como la mayor fuente de valor añadido y origen de los mayores márgenes de beneficio. Al mismo tiempo, comprueban el creciente valor de la información que proviene de los compradores. Si acaso, están deseando escuchar más que informar, y están elaborando complejos mecanismos para escuchar la voz del mercado.

El sistema Eaasy Sabre de American Airlines se considera hoy en día el pionero de un canal de información. Sin embargo, American ha seguido ampliando su ancho de banda. Ahora que los viajeros se pueden conectar en línea con Eaasy Sabre, las posibilidades han vuelto a aumentar. La empresa puede controlar los vuelos y tarifas elegidos por los clientes, pudiendo hacer ofertas especiales sobre el terreno basadas en el factor de ocupación de un vuelo concreto; comprobar la elasticidad de los precios; anunciar vuelos de contacto en la ciudad de destino que puedan resultar de interés, etc. Todo ello mucho más allá del tráfico de información que puede ofrecer una agencia de viajes.

Otro buen ejemplo es Peapod, el servicio de compra y entrega de productos de alimentación por Internet. Peapod nos devuelve a los tiempos en que se podía llamar a la tienda de alimentación y pedir que trajeran la mercancía a casa unas horas más tarde, con los huevos sin romper y el helado sin derretirse. Así es como funciona: el comprador se conecta al sistema de Peapod a través de un ordenador personal y un módem, selecciona las compras mediante una lista de artículos disponibles y otorga un plazo de tres horas para la entrega de los productos. Peapod despacha la orden a un empleado que está en una tienda de alimentación cercana. El empleado retira los artículos de las estanterías, lleva el pedido a caja y lo entrega a un conductor de Peapod. En sus primeros cuatro años de funcionamiento, Peapod consiguió una base de clientes de 7.500 en Chicago y San Francisco, con un índice de retención del 80 %. Su volumen en esas ciudades supone el 15 % del total de ventas en los doce supermercados Jewel y Safeway donde sus empleados realizan las compras.

La pregunta más interesante es por qué el servicio resulta tan atractivo. No es en absoluto barato; los usuarios pagan 29,95 dólares por el software de aplicaciones para acceder a la base de datos de Peapod, más una tarifa de servicio mensual de 4,95 dólares. Una vez dentro del sistema, pagan otros 4,95 dólares por cada entrega, más un 5 % de sobreprecio en cada pedido. Aunque esto suena bastante caro, Peapod no ha alcanzado todavía el tope de la cantidad de individuos dispuestos a pagar de más por ahorrarse el viaje hasta la tienda. De hecho, la mayoría de los clientes aseguran que, a pesar del coste añadido, utilizar este servicio reduce de hecho sus facturas.

El ahorro se deriva del valor de la información que proporciona Peapod. Los compradores pueden acceder a listas de productos según cualquier tipo de criterio (artículo, categoría, marca o venta especial), y después reordenar la lista según lo que les resulta más importante. Generalmente, es el precio por unidad, aunque también puede ser el contenido en calorías. Digamos que deseamos una lata de atún. La base de datos despliega al instante las opciones disponibles: con agua en lugar de con aceite de oliva, de más o menos gramos, de una marca u otra, etc. Otra operación nos muestra el mejor precio por gramo. Los clientes de Peapod comparan los distintos artículos con más asiduidad, y compran menos por impulsos. Y, como están sentados ante el ordenador en lugar de pasearse por la tienda, es más probable que utilicen los cupones (sí, Peapod también los emplea). Si la tienda se ha quedado sin la mercancía solicitada, un empleado llama al cliente y le pide otras alternativas. En resumen, una propuesta bastante valiosa.

La empresa de transportes Skyway Freight Systems también entiende que la información es el mayor valor que aporta a los intercambios. Filial de envíos comerciales de Union Pacific, Skyway se dio cuenta muy pronto de que una forma de suministrar un servicio distinto en su negocio sería proporcionar a los clientes acceso en tiempo real al estado de sus envíos, a través de todos los modos y territorios. Para poder hacer esto, lanzó la primera funda de empaquetado electrónico del sector y un sistema de seguimiento por satélite. Cuando estaba instalada ese tipo de conectividad y de visibilidad, para Skyway se volvió evidente que podría desempeñar un mayor papel en la coordinación de actividades en ambos extremos de su servicio: los esfuerzos de los fabricantes para inventar los productos adecuados para satisfacer la demanda y los esfuerzos de los minoristas para mantener la provisión de artículos. Su enfoque innovador a ese papel intermediario ha sido crear un sistema llamado Concerto. Concerto recoge información sobre ventas de los minoristas y la utiliza para dirigir todo el proceso de fabricar el producto adecuado y conseguir que llegue a manos de los consumidores, desde la fuente inicial de las materias primas hasta la entrega a la tienda o al hogar del consumidor. Con este sistema, reduce los costes de la cadena de abastecimiento a la vez que incrementa los ingresos acelerando la velocidad de acceso de los productos al mercado. También hay que observar que, en el más puro estilo BLUR, Concerto crea intercambios que atraen a muchos compradores y vendedores, incluidos los proveedores de la competencia, cuyas existencias se consolidan, dividen y diversifican alternativamente.

Cada vez más empresas se están dando cuenta de que los clientes valoran al máximo el componente de información de su negocio. En consecuencia, la información ya no es sólo un pensamiento colateral para la actividad económica. Es la cola que está meneando el perro. Y al igual que los fabricantes de bienes y servicios se dan cuenta de que la información que ofrecen es muy valiosa, de la misma manera lo advierten los consumidores. En el pasado, los compradores reales o potenciales estaban deseando que alguien les preguntara su opinión, pero ya no será así por mucho tiempo. Hoy en día, los consumidores entienden que su retroalimentación tiene mucho valor, y si dedican una hora a rellenar una encuesta, por ejemplo, saben que la información que proporcionan tiene valor en el mercado. Así que dicen: «Páguenme». Y no se refieren a un vale de un dólar. Anteriormente era posible reunir a un grupo para escuchar sus observaciones ante un nuevo producto enviando una invitación y ofreciéndoles un aperitivo. El cliente potencial se sentía halagado por la invitación, y deseoso de conocer ese producto nuevo. Pero ahora la situación ha cambiado. Para atraer hoy en día a un grupo, a veces hay que ofrecer a cada participante más de cien dólares por hora.

Sin embargo, los vendedores inteligentes no se quejan del dinero que pagan por la información que suministran los clientes, ya se refiera a temas como el dinero que se gastan en muebles, a dónde se van de vacaciones, cuáles son sus aficiones, el equipamiento deportivo que adquieren, el software que han instalado en su ordenador o cuánta gasolina utilizan. En la mayoría de los casos, el problema es que no existe un mecanismo adecuado para el intercambio de retroalimentación por billetes de banco. Los grupos de encuestas y discusión son acontecimientos de una sola ocasión. ¿Cómo recompensar a personas que proporcionan información útil sobre una base continua y creciente? Por ahora, la mayor parte de las empresas intentan responder en amabilidad. Tal vez regalen un producto a cambio de información. Un cliente con un comentario útil sobre los sabores de Poptarts tal vez obtenga un vale para una compra futura. El St. Francis Hotel en Santa Fe, Nuevo México, envía un certificado de un 20 % de descuento a los clientes que rellenan la hoja de comentarios. Lo más habitual hoy en día es que las empresas recompensen la información con información. El auge de las direcciones de la Web referentes a un grupo concreto forma parte de esta motivación; representan una fuente de información de la empresa hacia el público, y un canal a través del cual el público puede trasmitir sus ideas a la empresa.

Una compañía que ha hecho del intercambio de información una parte explícita de su oferta es Mainspring, Inc., de Internet, que organiza congresos en línea sobre el comercio electrónico y vende acceso a sus servicios y un amplio historial de casos de estudio. Los clientes de empresa suelen participar porque están llevando a cabo ellos mismos empresas mixtas de comercio electrónico y quieren aprovecharse de la experiencia ajena. Pero no es un club barato; la tasa anual de pertenencia es de 20.000 dólares.

Pero aquí viene lo más interesante: Mainspring reconoce que está vendiendo precisamente a la población que representa la mayor fuente potencial de nuevo material. Conforme sus miembros realizan progresos en sus propios esfuerzos, a Mainspring le gustaría estudiarlos, escribir casos de estudio y enriquecer incluso más sus ofertas basadas en el conocimiento. Está más que deseoso de llegar a un acuerdo para obtener dicho resultado. Si uno está dispuesto a convertirse en un caso de estudio, la cuota se reduce a 15.000 dólares. El equilibrio de las tasas adopta la forma de la información que se proporciona. Mainspring envía a un equipo para que fabrique una historia sobre nuestros objetivos, métodos, logros, etc., y todo ello se pone a disposición de los miembros del club. El comprador paga menos y también obtiene el beneficio del estudio.

Por desgracia, no todos los que buscan información están tan dispuestos a pagar por el valor que reciben. El infame ejemplo reciente de esto ha sido el abuso de «cookies»[3] en las direcciones de la World Wide Web. Los «cookies» fueron creados para un propósito útil por empresas de navegadores de Internet como Netscape para conocer las preferencias de los usuarios individuales y almacenarlas en los discos duros de esos usuarios. De esta forma, cada vez que un usuario utiliza una página, refleja cualquier personalización que haya realizado sobre ella en el pasado. Pero como los «cookies» recogen su información de manera subrepticia, se han mostrado útiles de otras maneras. Cada vez que se visita una página de «cookie», se deja una tarjeta de llamada que revela el tipo de ordenador que se posee, la localización en la Web y otros muchos detalles. Para enfado de los clientes, los «cookies» de Microsoft en el Internet Explorer incluso almacenaron otro software que había instalado un nuevo suscriptor. Además, si nos «registramos» voluntariamente en una dirección dándole nuestro nombre y dirección, toda esta información se puede grabar y vincular directamente con nosotros. Esa información, a su vez, se puede vender a empresas de marketing, por ejemplo.

Lógicamente, la resistencia de los compradores aumenta hacia todo aquello que se les presente sin su permiso expreso. En el caso de Microsoft, la presión de los compradores convenció a la dirección para que eliminara sus «cookies», al menos los especialmente indiscretos. De nuevo, comprobamos el efecto de un nuevo tipo de compradores que conocen el valor de su información y que están preparados para cobrar por ello. La preocupación por la «intimidad» es a menudo un nombre falso para lo que los compradores consideran con razón un robo de valor.

¿Qué sucederá a continuación? Conforme más consumidores empiecen a reconocer el valor de su información y su capacidad de conectar y reunir dicha información, tal vez asistamos a:

— grupos organizados de clientes que recogen información sobre sí mismos y la ofrecen a un precio determinado;
— grupos de clientes centrados en un producto o servicio determinado que informan al mercado de sus deseos;
— clientes de una empresa concreta que se movilizan para mejorar las ofertas actuales y demandar otras nuevas.

Los directorios electrónicos de grupos de esas características no pertenecen a un futuro lejano. Un individuo puede encontrar su grupo de compradores elegido y unirse a él, no para proporcionar

3. Los cookies se quedaron con ese nombre por un programa de UNIX de «cookie de la fortuna» que daba lugar a un mensaje o «cookie» distinto cada vez que se utilizaba.

información, sino para ofrecerla a cambio de algo de valor. Los carriles de información soportan más tráfico cada día conforme aumentan los intangibles y la conectividad. El volumen ya compite con los aspectos económicos del intercambio. A continuación, echemos un vistazo al proyecto de construcción en marcha para aumentar la autopista.

Intercambios emocionales

El último par de carriles en nuestra autopista de seis carriles está un poco menos concurrido, pero gana velocidad a pasos agigantados. Estos carriles aportan todo el valor emocional que se produce entre proveedores y consumidores de bienes y servicios. Al igual que la información, este tipo de valor siempre ha estado presente, pero generalmente sometido a la transacción económica. Lo que estamos presenciando ahora es un reconocimiento más consciente del valor real en esos carriles con las etiquetas de precios (monetarias y no monetarias) colocadas en intangibles como lealtad, estima, interés y compromiso.

Nuestro ejemplo favorito es Harley-Davidson. Como sugiere el inicio del capítulo, los clientes que compran una Harley sienten que están comprando algo más que una motocicleta. Están invirtiendo en un estilo de vida, una actitud, una imagen. Pensemos en el término «motero». ¿Resume la imagen de una Honda? ¿Tal vez de una Ducati? De ningún modo. Si deseas esa definición, tienes que comprar el icono. «Hay un gran componente de emoción en nuestro éxito», comentó a *Fortune* el consejero delegado de Harley-Davidson, Richard Teerlink. «Simbolizamos los sentimientos de libertad e independencia que todos deseamos en este mundo tan estresado.»[4] Los márgenes de beneficio de Harley son mayores que los de muchos de sus competidores, y esa prima se debe al valor emocional que añade a la transacción. Y, naturalmente, también vuelve a los clientes en forma de emoción. El grado de lealtad y el orgullo de propiedad de los conductores de una Harley es realmente curioso. ¿Cuántos productos pueden convencer a tipos duros de que lleven encantados mercancía de marca? Harley está acosado por fabricantes que buscan licencias para fabricar todo tipo de ropa y accesorios con la marca (muy bien, así que muchos de los moteros tatuados que vemos en los *reststop* de carretera son ejemplos de infracción del copyright. ¿Y quién se atreve a decírselo?).

4. Ronald B. Lieber, «Selling the Sizzle», *Fortune* (23 de junio de 1997), pág. 80.

Lo que vale para las motocicletas vale para el resto de ofertas del mercado. Nike lo sabe y centra sus sustanciosas inversiones publicitarias en provocar emociones en lugar de mostrar las características del producto o incluso vender sus ventajas. Metlife lo sabe y utiliza los personajes de *Peanuts* para aportar un rostro amable a un negocio basado en tablas de mortalidad y ciencia actuarial. Incluso la industria de los fondos mutuos, obsesionada con la estadística, ha captado el mensaje. Scudder, Stevens & Clark iniciaron una publicidad que desataba emociones, como, por ejemplo, un inversor que hablaba de los ahorros de sus hijos con un representante telefónico de Scudder. «Los anuncios que tienen éxito se orientan hacia las relaciones y no tanto hacia los productos en sí», informa el presidente de Scudder, Mark Casady. Los días que salen esos anuncios en televisión, la empresa recibe cientos de llamadas adicionales de inversores.

Pero el valor emocional de las empresas no es sólo resultado de la publicidad; unas buenas vibraciones alrededor de una marca llevan a la lealtad en cuanto a las compras. Las empresas están aprendiendo a captar clientes en otros niveles en un auténtico toma y daca de valor emocional. La cadena de restaurantes tipo cafetería Big Boy aplicó esta técnica compartiendo su propia desorientación en cuanto a la acogida de su mascota. «¿Big Boy debería quedarse o debería irse?», era la pregunta que planteó a los clientes de su restaurante. Al final, se quedó. Sin embargo, no todo era un truco para llamar la atención. La dirección no estaba decidida, y valoraba las emociones del público hacia la mascota más que las suyas propias.

MCI intentó ganar la batalla de las compañías telefónicas asociando su servicio con los amigos y la familia. En un determinado nivel, estaba utilizando simplemente la vieja técnica de recompensar a los clientes ya existentes por atraer a clientes nuevos. Pero el potencial admitía un compromiso mucho más profundo; si un cliente empezaba a pensar en MCI como en el «servicio que utilizan todos mis amigos», su confianza hacia sus amigos se podía extender a la empresa. La promesa de valor emocional también atañía a MCI, por cierto. Descontando todas las llamadas cursadas a la red de una determinada persona, invertía de manera eficaz en las vidas emocionales de sus clientes durante la duración de la campaña publicitaria.

La afinidad, como las tarjetas de crédito de interés especial que se ofrecen por todas partes, es un campo muy fértil para los negocios basados en la emoción. En muchos casos, la razón de la tarjeta es canalizar algún porcentaje de los beneficios, que normalmente revertirían en el emisor, a una entidad de caridad o sin ánimo de lucro bien considerada por el titular de la tarjeta. Un ejemplo es la tarjeta que ofrece la Asociación de Pilotos y de Propietarios de Aviones, AOPA. Utilizar la tarjeta es una manera cómoda de donar dinero a los esfuerzos de educación y de presión de AOPA para apoyar la aviación privada. Si te gusta AOPA, te gustará esta tarjeta. Y puedes ampliar este amor incluso a su emisor, MBNA América, la institución que emite la tarjeta. Después de todo, comparte claramente vuestro punto de vista sobre AOPA como causa que merece la pena.

Como con muchas otras cosas, puede ser Internet la que realmente permita que el valor emocional se convierta en una moneda de cambio. Los foros de discusión pueden ser bastante apasionados y, también, bastante vitriólicos. Las empresas que organizan foros en sus direcciones de la red pueden tener una mayor capacidad de conectar con el valor y el poder de toda esa emoción. Internet está demostrando ser un suelo fértil para desarrollar enriquecedoras relaciones entre clientes. Su poder para convocar a clientes de cualquier lugar y en cualquier momento quedó bien claro en el verano de 1997 con una carta, «Querido cliente de Amazon.com», enviada por correo electrónico por la librería de Internet. Invitaba a los suscriptores a ayudar al autor John Updike a escribir un cuento corto, en línea, en un plazo de 44 días. Cada día, los editores de Amazon elegían entre miles de párrafos enviados por los clientes como formas posibles de avanzar la historia. Cada día, un escritor con talento podía ganar 1.000 dólares por haber sido elegido. Al final, uno de esos concursantes se llevó 100.000 dólares. A Updike le quedó la tarea de imaginar y escribir el final.

Por supuesto, lo que consiguió la librería a cambio fue miles de clientes que visitaban su sitio para buscar sus ofertas, durante 44 días seguidos. ¿La lección de comprador/vendedor? La idea de Updike demostró que funcionaba una relación maravillosa: compradores entusiastas, que estaban encantados de invertir tiempo y presencia, y un vendedor dispuesto a encontrarse con ellos a más de la mitad del camino, no sólo con dinero en efectivo, sino con el escalofrío de la colaboración con un autor conocido en el mundo entero. Después de todo, un final feliz.[5]

5. Otro ejemplo de Internet: docenas de guarderías han instalado cámaras que toman fotografías de sus clases cada minuto más o menos. Los padres que poseen la contraseña pueden echar un vistazo rápido a sus hijos —un valor emocional, desde luego—, así como una pausa agradable en la jornada laboral de los padres.

Importancia del comprador

De esta discusión sobre el intercambio emerge un tema común: el comprador tradicional de la ecuación está ganando poder e influencia con respecto al vendedor. En el modelo industrial, las ventajas económicas de la producción en masa crearon una relación de un solo sentido, en la que el fabricante definía el producto, fijaba el precio, y establecía el momento y el lugar de la compra. El comprador recibía un precio dado, y el vendedor era el que lo decidía. Este desequilibrio se está solventando. Después de todo, no siempre había ocurrido así; la tienda de ultramarinos local solía informarnos de qué mercancía convenía comprar ese día (información) y nos preguntaba por nuestros hijos (emoción). Y si detectábamos una mancha o un rasguño en el melón, obteníamos un descuento (economía). Pero en la actualidad, estas relaciones no tienen por qué ser locales, ni tan sencillas.

En todos los mercados, en lugar de entregar dinero en metálico a cambio de una oferta, hoy en día el usuario está en condiciones de conseguir ventajas económicas gracias a un intercambio polifacético y en dos direcciones. En lugar de limitarse a ser un receptor pasivo de información esporádica, se le considera una fuente de opinión muy valiosa. Y en lugar de ser un ignorante que se puede manipular mediante mensajes publicitarios repletos de carga emocional, está activamente comprometido en un intercambio de orgullo, satisfacción y lealtad.

Cuando esta transformación esté terminada, la transacción tradicional se convertirá en un intercambio, confundiendo los papeles de ambas partes. La tabla de la página siguiente identifica algunas de las dimensiones de esta transformación. En la tercera parte, «El BLUR de los logros», analizaremos alguna de sus más asombrosas consecuencias.

El valor 500

Como el poder sigue cambiando de los productores a los consumidores, predecimos que surgirá una nueva elite de poder organizativo: grupos de consumidores con importancia suficiente como para influir en la dirección económica. El grupo que ha ocupado históricamente esta posición de poder es, por supuesto, el Fortune 500. Es interesante reflejar que, durante la mayor parte de su existencia, la lista anual del *Fortune* que indica las mayores empresas instaladas en Estados Unidos se centraba exclusivamente en los fa-

CARACTERÍSTICAS DEL INTERCAMBIO

CARACTERÍSTICAS	**Transacciones tradicionales**		**Transacciones del BLUR**
	Vendedor	**Comprador**	**Intercambio**
Papel del valor	Crea	Consume	Crea y consume a la vez
Valor recibido	Dinero	Producto o servicio	Valor económico, informativo y emocional
Papel de la comunicación	Emisor	Receptor	Interactúa
Papel de la información	En control	Acceso limitado	Acceso y creación compartidos
Tiempo pertinente	Horas de oficina	Horas de oficina	Continuo y conectado
Espacio pertinente	Punto de venta	Mercado	Conectado en cualquier lugar

bricantes industriales, contabilizando sus beneficios. Más recientemente, las empresas de servicios también han contado con su propia lista. Conforme evolucionan las empresas, añadiendo servicios a una mezcla de productos, las listas se vuelven confusas. General Electric, por ejemplo, se trasladó del Industrial 500 al Servicio 500 conforme su GE Capital y otras operaciones de servicio financiero se convirtieron en una fuente principal de ingresos. Tan sólo a mediados de 1990 la revista fusionó las dos listas. Sin embargo, incluso con su nueva forma, el Fortune 500 sigue informando de la concentración de poder entre los mayores *proveedores* de la nación.

En ese mismo período de tiempo, el poder dentro de esas empresas se ha trasladado lenta pero inevitablemente hacia la periferia; las unidades centradas en los clientes se han convertido en las agitadoras e impulsoras, la fabricación ha perdido gran parte de su influencia, y las funciones de las oficinas centrales se han atrofiado. La dirección del cambio de poder es clara: se dirige hacia el consumidor. Y, en última instancia, desaparecerá de las oficinas y se dirigirá directamente a manos de los consumidores.

Entremos en Internet. Con el nivel sin precedentes de conectividad que pone a disposición de los individuos, hoy en día los consumidores tienen los medios para convertir ese poder en bloques tremendamente poderosos. Y no penséis que no se van a ver tentados a utilizarlo. Un estudiante de Iowa que quería iniciar una manifestación sobre un asunto político envió un mensaje de correo electrónico que atrajo a miles de usuarios en 48 horas. Muy pronto, habrá organizaciones de consumidores con la influencia suficiente en el mercado como para que alguien cree una nueva lista que refleje la acumulación de deseos, no de ventas. Lo importante será entregar el mayor valor posible a los consumidores. Lo llamaremos el Valor 500.

Así es como podría ser una compañía de Valor 500. Echemos un vistazo a la Asociación Americana de Personas Jubiladas (AARP). AARP es un grupo de presión político, pero también es un *lobby* económico. Ha convertido a sus leales y afines miembros en una importante y poderosa fuerza de mercado, que negocia las tasas de socio para todo tipo de servicios y productos. Los miembros de Valor 500 también tendrán características en común con entidades como el Gartner Group y J. D. Powers, que unen las voces de los clientes y las convierten en otro coro a tener en cuenta. El negocio del marketing de afiliación, que ya proporciona una tarjeta de afinidad para cada microsegmento imaginable, multiplicará la suma del poder de los consumidores. Las instituciones de consumidores se convertirán en instituciones de proveedores. ¿Listos para el Pasajero de General Airline como el número 1 en la lista de Valor 500?

Tal vez todos estaremos leyendo *Modern Maturity* antes de que se cumpla esta predicción al cien por cien, pero el camino ya está trazado. En una economía donde compradores y vendedores se confunden, y donde las transacciones de una sola dimensión están dando paso a ricos y multidimensionales intercambios, tiene mucho sentido. Los intercambios adoptan todas las formas (económica, informativa y emocional), pero el resultado final tiene que ser el valor.

Una nota histórica: el último cambio de poder parecido fue la creación del trabajo organizado. Los AFL-CIO, Teamsters, IBEW, y demás eran los «Salarios 500» de su época, un mecanismo para organizar el poder de la fuerza trabajadora y controlar a los explotadores industriales. En aquel mundo tangible, se cortaban cabezas y moría gente para bloquear cualquier intento de quitar el poder a la empresa. Esta vez el golpe de Estado será incruento, propiciado por la oportunidad de servir mejor a los clientes, y llevado a cabo por el intercambio de valor bidireccional gracias a la infraestructura interconectada.

¿Vuestro negocio está preparado para organizar a sus clientes o vais a esperar a que lleguen los «agitadores de fuera»?

Cuando los miembros del Valor 500 ocupen su lugar en la escena económica, la naturaleza de los deseos se habrá desdibujado por completo. De ventas discretas de productos a corta distancia a intercambios continuos de valor co-creados por agentes económicos, cada uno de los cuales proporcionan y consumen valor al mismo tiempo; estaremos ya dentro del desarrollo de una nueva estructura económica. No será una cadena de valor, una conexión tradicional de vendedor a comprador (obsérvese la direccionalidad industrial), sino un conjunto complejo de ofertas intercambiadas. Ésta es la red económica, el tema del siguiente capítulo, y un cambio radical en la forma de la economía de satisfacer los deseos.

¿Podéis identificar los componentes informativos y emocionales de vuestros intercambios, en la dirección de comprador y vendedor al mismo tiempo? ¿Con consumidores así como con proveedores? ¿Qué valor estáis, o están, poniendo sobre la mesa? ¿Qué elementos se pueden reelaborar e intercambiar con otros? ¿Cómo puede ser vuestro intercambio de valor más continuo e interactivo, en cualquier lugar y en cualquier momento? ¿Cómo trataríais a vuestros clientes de forma distinta si pensarais en ellos como en un grupo organizado?

LOGRO

En nuestras economías de mercado, nos hemos acostumbrado a la idea de estrategia empresarial que representa el diseño de «qué» es lo que hacen nuestras empresas, y una organización que representa el «cómo» lo hacen. La estrategia obedece a las leyes de la economía; las organizaciones están gobernadas principalmente por las leyes del poder, el estatus y la psicología. Conforme la conectividad difumina la frontera de la empresa, esta distinción desaparecerá, y los indicadores económicos se utilizarán cada vez con mayor frecuencia para permitir la agilidad y la adaptación.

En la tercera parte, descartamos la suma cero, un concepto dominado por la eficacia sobre estrategia competitiva que ha dominado la madura economía industrial de los últimos cincuenta años, para adoptar un conjunto de ideas sobre redes económicas diseñadas para la innovación, la adaptación y el crecimiento. Como las organizaciones se enfrentan a las mismas presiones de agilidad y crecimiento que la economía en su conjunto, se convertirán en redes organizativas, gobernadas por las mismas reglas que las redes económicas.

TERCERA PARTE

EL BLUR DE LOS LOGROS

4

LA RED ECONÓMICA

GESTIONAR EL SUPERMERCADO COMO EL MERCADO DE VALORES

El BLUR de los negocios ha creado un nuevo modelo económico en el que los beneficios aumentan en lugar de disminuir; los supermercados imitan a los mercados de valores; y queremos que el mercado, y no nuestra estrategia, sea el que fije el precio, publicite el producto y gestione nuestra oferta.

Netscape, convencida de que la masa crítica era fundamental si su software de navegación Navigator Web quería tener éxito en un mercado altamente competitivo, tomó una decisión extraordinaria: regaló 40 millones de copias de su software. ¿Ese acto devaluó el producto? En absoluto. Estableciendo rápidamente una enorme cuota de mercado, posicionó eficazmente Navigator como el estándar y lo convirtió en extremadamente valioso para los proveedores y anunciantes del contenido de Netscape.

Sun Microsystems realizó una acción similar, pero la llevó aún más lejos. Regaló su lenguaje de programación Java a todo aquel que lo deseara. Además, instituyó un fondo de capital de riesgo para apoyar a empresas nuevas que desarrollaran las aplicaciones de Java. La idea era que, estableciendo Java como el estándar, el potencial de Sun para vender a los servidores alcanzaba cotas inimaginadas.

¿Queremos comprar un coche? Si ya nos hemos decidido, Auto-by-Tel realizará la búsqueda por nosotros. La empresa, con sede en Internet, conecta con múltiples concesionarios de una región de todo tipo de coches y presenta los deseos del cliente para una especie de subasta pública. El servicio es perfecto para los consumidores y supone un cambio en la economía de la venta de coches. Lo que pierden los concesionarios en margen de beneficios lo ahorran en publicidad. Sus inicios fueron bastante difíciles, pero Auto-by-Tel se anunció durante la retransmisión de la SuperCopa de 1998, el espacio publicitario más caro de la televisión.

Tradicionalmente, una película de mucho éxito (o, retrocediendo todavía un poco más en el tiempo, un programa de radio de éxito) provoca una gran cantidad de contratos de merchandising. *Hoy en día, Disney convierte dichos intercambios en una parte integral de su estrategia de publicidad. Todos esos productos y copromociones crean una publicidad ventajosa que se refleja directamente en más ingresos en las salas de cine y más compras de la película en vídeo.*

En un mundo empresarial de velocidad creciente, intangibles que crean valor, y conectividad que lo invade todo, la mirada de los estrategas empresariales se empaña de forma inquietante. El núcleo central de la estrategia siempre ha sido posicionar una empresa en relación a su entorno de negocios. La empresa contra el mundo. ¿Pero qué ocurre cuando la diferencia entre la empresa y su entorno se difumina? ¿Cuando ya no está claro dónde desaparece la empresa y empieza el mundo? ¿Cuando los destinos de distintas compañías están unidos como los alpinistas en una montaña escarpada? ¿Cuando incluso el bienestar de un competidor puede ser fundamental para nuestro éxito?

Si las fronteras de la estrategia están desapareciendo, entonces la manera de encontrar la estrategia adecuada tampoco está clara. Los fundamentos que siempre han guiado la planificación estratégica están cambiando. Todo lo que aprendimos sobre macro y microeconomía fue formulado para reflejar una economía industrial. Pero eso ocurría en un mundo que se movía mucho más lentamente, anclado en bienes físicos y marcado por las decisiones de actores aislados, en una palabra: diferenciados, de forma que se comportaba de manera completamente distinta. La teoría económica que estudiamos en la universidad no describe nuestro mundo de hoy en día. Sus presupuestos son en su mayor parte actualmente inservibles, y muchas de sus bases firmemente mantenidas, la relación entre inflación y desempleo, o los tipos de interés y déficit, o el valor de las monedas y las diferencias comerciales, o el valor contable y la capitalización de mercado, viven de su reputación, no de la evidencia empírica.

No es extraño que, para algunas personas, el BLUR parece impedir toda posibilidad de estrategia.[1] ¿Por qué pretender que podemos construirnos nuestro propio futuro cuando está claramente fuera de nuestras posibilidades? ¿Qué posibilidades existen de predecir con precisión cuando no se conocen las leyes de la nueva eco-

1. Stephen Haeckel, «Adaptive Enterprise design: The Sense-and-Respond model», *Planning Review* (mayo-junio de 1995).

nomía? ¿De qué sirven los planes si la velocidad de los negocios tal y como se concibe hoy en día significa que están obsoletos antes de que una empresa pueda entenderlos y ponerlos en práctica?

Pero antes de despedir a los estrategas, consideremos que todavía hay que tomar ciertas decisiones sobre la compañía en relación con su entorno. Si es verdad que hoy en día se depende más de elementos ajenos a la empresa para triunfar, hace falta elegir a los jugadores adecuados y crear las relaciones adecuadas. Si falla la predicción, es necesario aplicar más flexibilidad, aceptar las cosas tal y como vienen. Si los planes a largo plazo son inútiles, los buenos a corto plazo son más valiosos que nunca. Conforme vamos entrando en el mundo del BLUR, veremos que las nuevas reglas del comportamiento económico están originando nuevas reglas de estrategia empresarial.

¿Quién está en vuestra red? ¿Cómo se relacionan? ¿Cómo añaden valor?

La verdad es que hoy en día ninguna empresa puede actuar sola. El éxito surge gracias a las conexiones o, tal y como afirma Adam Brandenburger, profesor de la Harvard Business School, «redes económicas, en las que cada uno es un jugador activo a la hora de crear y reclamar valor».[2] Aunque estas conexiones puedan estar capacitadas electrónicamente, la red económica concede importancia fundamentalmente a las relaciones. Y la trinidad del BLUR (conectividad, velocidad e intangibles) es la fuerza que hace que estas relaciones sean tan inevitables, o mejor dicho, *apropiadas*.

La necesidad de velocidad significa que muchas empresas que desean nuevas capacidades no tienen tiempo de desarrollar las suyas propias. Por otro lado, la probabilidad de que se produzcan a corto plazo más cambios hace que las adquisiciones externas sean demasiado arriesgadas, mientras que la facilidad de coordinación electrónicamente conectada las convierte en innecesarias. ¡Rápido! Una nueva densidad de conexiones entre empresas, industrias e individuos. Los intangibles son el valor de todas estas nuevas relaciones, algunas de las cuales son totalmente sorprendentes dada su incompatibilidad de superficie.

La red económica ideal es una constelación de jugadores que se reúne rápidamente alrededor de una nueva oportunidad de nego-

2. Citado en Stuart Kauffman, «The Evolution of Economic Webs», en P. W. Anderson, K. J. Arrow y D. Pines (comps.), *The Economy as an Evolving Complex System*, Reading, Mass., Addison-Wesley, 1988, págs. 125-146.

cio, y que desaparece igual de rápidamente una vez que ésta ha tomado su curso. Una economía dirigida por los intangibles impulsa a las redes económicas, porque no-mercancías como el conocimiento y la información son la lengua madre de las redes. Y altos niveles de conectividad permiten que las redes económicas se puedan establecer más rápidamente y que operen de manera más eficaz, porque están más fuertemente entrelazadas. La interactividad instantánea hace posible que existan muchas más redes. Atención al dato: las hace inevitables.

Por supuesto, algunas oportunidades, como la alianza virtual «Wintel» entre Intel y Microsoft, pueden durar bastante tiempo. En esos casos, se hace necesario elegir las relaciones no sólo por la capacidad de reacción que permiten en ese momento, sino por lo que ofrecen a largo plazo. Algunos argumentarán que la elección de estas «relaciones generativas» se ha convertido en la única decisión estratégica.[3]

Las redes económicas siempre han existido de una manera elemental. Surgen cada vez que el triunfo de una compañía depende del éxito de otras. En el pasado, esto era generalmente consecuencia de la geografía. Pensemos en una galería comercial. La Sharper Image parece que no tiene nada en común con Talbot, que ocupa la puerta contigua, pero cada una de ellas depende en gran medida del tráfico generado por su vecino. La colocación también significa equipos compartidos de trabajo. Las empresas que empiezan hoy en día en Silicon Valley o en el Research Triangle Park de Carolina del Norte se benefician de una masa crítica de talento local. La masa crítica dentro de una región también impulsa la conciencia de mercado. Docenas de desarrollos biotécnicos despertaron más interés, y sin duda más capital, cuando se juntaron y se autodenominaron «el milagro de Massachusetts». El mismo fenómeno sucede a veces en el arte. Los impresionistas tuvieron tanto éxito porque existía una escuela de impresionistas. De forma similar, gracias a un teatro que funciona muy bien en Chicago, incluso pequeñas compañías de repertorio obtienen beneficios en la ciudad del viento. Y una banda como Pearl Jam todavía podría estar tocando en bares oscuros si no llega a formar parte del «sonido de Seattle».

Lo que está ocurriendo ahora es que las redes económicas se están extendiendo mucho más allá de este tipo de interacciones y de-

3. David Lane, Franco Malerba, Robert Maxfield y Luigi Orsenigo expusieron sus ideas en su trabajo del Instituto Santa Fe. Véase para un ejemplo «Choice and Action» (hoja de trabajo del Instituto Santa Fe, 1995).

pendencias locales. La conectividad local está extendiendo el vínculo a los rincones más alejados del mundo económico. Las empresas pueden estar a océanos de distancia y seguir subiéndose al mismo barco.

Tomemos la red económica tejida por la industria de la moda norteamericana en la década de los años ochenta, el sistema de «respuesta rápida», tal y como se hizo famoso. Ésta es una industria en la que la suerte de los participantes está claramente interrelacionada. Con los gustos cambiantes de la moda marcando la pauta, los beneficios dependen de una fuerte coordinación entre fabricantes de tejidos, diseñadores de ropa, proveedores de transporte y minoristas, todos ellos en distintos continentes. Benetton obtuvo fama hace más de una década por inventar un sistema sin costuras que acortó en meses la cadena tradicional de abastecimiento. Y como la compañía podía vincular su producción a la actividad de los minoristas, seguía suministrando los artículos de moda y se quedaba con poca mercancía en las ventas de fin de temporada. La velocidad era el motor. Los intangibles, los caprichos de la moda, las ideas de los diseñadores, los registros de ventas de final del día para cada tienda y las unidades de mantenimiento de stock eran la clave. La conectividad es lo que permitía al sistema entregar la mercancía.

Como pionero, Benetton construyó su propia red y demostró que el potencial de beneficios de este sistema es fabuloso. Pero perseguir esa estrategia hoy en día exige lo que muchos perciben como un riesgo demasiado grande. Por un lado, hay que poner el destino en manos de empresas y equipos de gestión fuera de nuestra jurisdicción. En otras palabras, hay que abandonar la idea de control y confiar en lugar de ello en nuestra capacidad de influencia. Éste es el problema de la pertenencia en cualquier red económica. Pero esto no es lo más grave. Lo verdaderamente importante es llegar tarde al mercado con capacidades que no están a la altura del nivel mundial. Además, ¿por qué iba una empresa externa cuyo éxito depende de nuestra satisfacción no hacer un trabajo tan bueno como el de un grupo de dentro de nuestra propia empresa? La capacidad de reconocer este imperativo, no contratar fuera porque sí, sino establecer una red económica donde se pueda prosperar de forma independiente, es una de las claves para una estrategia BLUR de éxito.

Por supuesto, este desafío puede intimidar, sobre todo cuando la red implicada no es tan directa como una cadena de abastecimiento. Después de todo, no es tan difícil aceptar que la suerte de una persona está ligada a los proveedores de arriba y a los distribuidores de abajo, un concepto que se ha manejado durante cierto tiempo. Inspiró al *keiretsu* japonés formado por «capitanes de canal» como NEC, Canon y Nikon y, en una versión menos partidista, era importante para la gestión de inventarios *just-in-time*, que Toyota inventó en los años setenta. Se acercó todavía más a los beneficios mutuos cuando Procter & Gamble decidió jugar en la misma arena que Wal-Mart en el negocio de los pañales. Wal-Mart mantuvo a P&G al tanto de lo que se vendía y en qué tiendas. A cambio, P&G fue capaz de abastecer las necesidades de existencias de Wal-Mart. En su día supuso un concepto revolucionario, pero el hecho de que los clientes y proveedores actúen como socios es hoy en día moneda corriente.

Las redes económicas se pueden convertir en una amenaza cuando empiezan a enredarnos en los asuntos de los competidores, o, tal vez peor, de empresas de las que no sabemos nada. Cuando IBM y Apple se unieron para crear el PowerPC, no fue porque hubieran decidido dejar de competir. Pero cada una de ellas apostaba por el hecho de que una mayor velocidad en el desarrollo tecnológico contrarrestaría los riesgos de sus fuerzas provisionalmente unidas. Sin embargo, el acuerdo entre IBM y Apple no fue en absoluto sencillo. El tercer socio fue Motorola, fabricante del microprocesador 680 × 0 con el que funcionaba el sistema operativo del Mac de Apple. Motorola compite con Intel, que fabrica chips para los PC de IBM. Una complicación añadida era que Claris, un fabricante de software de aplicaciones para Mac y Windows, es una filial de Apple. Suena un poco como los Hatfields y los McCoys decidiendo celebrar una reunión familiar conjunta, ¿verdad?

Intel también figura como el ejemplo modelo en el reino de la «co-opetición».[4] Intel no sólo fabrica chips cada vez más rápidos, sino que intenta asegurarse de que haya un mercado cada vez mayor para ellos. La empresa trabaja activamente con MCI para ayudar al desarrollo de mayores anchos de banda de comunicaciones. Cuando las líneas de teléfono puedan transportar más datos, surgirá la demanda de procesadores más rápidos que los viertan de manera eficaz a los ordenadores. De nuevo, la idea básica tiene precedentes. Los fabricantes de coches comprendieron rápidamente que venderían más coches si ayudaban a algunos «complementarios»

4. El término «co-opetición» fue popularizado por Adam M. Brandenburgen y Barry J. Nalebuff en su libro *Co-opetition: A Revolution Mind-set That Combines Competition and Cooperation: The Game Theory Strategy That's Changing The Game of Business*, Nueva York, Doubleday/Currency, 1996. Afirman que Ray Noorda, el fundador de Novell, fue quien lo acuñó.

clave como empresas de financiación de coches y negocios de reparación de vehículos. Michelin se dio cuenta hace tiempo de que las guías de viaje promocionarían el turismo y por tanto el uso de neumáticos. Pero el potencial de estas interdependencias, y de ayudar e impulsar negocios complementarios, crece exponencialmente en una economía interconectada y regida por intangibles.

Por cierto, todo este trabajo de Intel debería hacer felices a sus complementarios, que ensamblan máquinas Pentium, es decir, IBM, Compaq, etc., ¿verdad? Bueno, sí, excepto por el miedo de que Intel empiece a fabricar sus propios ordenadores y a mejor precio. ¿Por qué si no establecer una marca de consumo, Intel Inside, para una pieza de silicio?, se preguntan. A veces, el vecino en la red adopta el aspecto de una araña asesina. ¿Intel coopera creando mercado, o compite desarrollando una marca? Ambas cosas.

Un ejemplo perfecto es lo que está ocurriendo ahora en la industria de los ordenadores. Como observa Kevin Kelly, editor de *Wired* y autor del conocido *Out of Control*, «las compañías de juegos ... dedican tanta energía a promocionar la plataforma, la maraña de usuarios, investigadores, fabricantes de hardware, etc., como a su producto. A menos que prospere su red, desaparecen».[5] Es el viejo duelo entre VHS y Beta de nuevo en ciernes. Si eres Sega, te puedes sentar, producir en serie tu propio producto y esperar a que la industria elija a tu favor. O puedes hacer valer tus activos y provocar que así ocurra.

Eso es ciertamente lo que Sun Microsystems está intentando hacer con Java. Como ya hemos comentado anteriormente, en uno de los enfoques más innovadores en el tejido de las redes económicas, Sun se unió a otros ocho socios interesados para crear un fondo de capital de riesgo de 100 millones de dólares especializado en nuevas empresas relacionadas con Java. Los socios confiaron en Kleiner, Perkins, Caufield & Byers, la importante empresa de capital de riesgo de Silicon Valley, para que gestionara el fondo. Consideremos que ése es un dinero que podría haberse destinado al desarrollo del producto, a publicitar Java directamente o, más concretamente, a vender servidores. Sin embargo, Sun está convencido de que el motor más importante de su éxito es abastecer el sector con Java. Cada promotor de Java que lo consigue, según este punto de vista, contribuye a la demanda de estaciones SPARC de Sun. Los que fracasan ciernen una sombra sobre el futuro de Sun. Esta forma de considerar la competencia basada en la red está detrás de una denuncia de

5. Kevin Kelly, *Out of Control: The New Biology of Machines, Social Systems and the Economic World*, Reading, Mass., Addison-Wesley, 1995.

Sun contra Microsoft. Alega, fundamentalmente, que creando una versión no compatible de Java, Microsoft ha vertido sal en el café. El principal valor de Java es que entabla la conectividad para todos sus usuarios. Una versión desconectada convierte a Java en casi inútil.

Unos cuatro siglos antes, John Donne lo expresó de la siguiente manera: «Ningún hombre es una isla, completa en sí misma; cada hombre es una pieza del continente, una parte de la tierra principal. Si el mar se lleva un puñado de tierra, Europa pierde algo ... la muerte de cualquier hombre me disminuye, porque formo parte de la raza humana; y por tanto nunca intentes saber por quién doblan las campanas. Doblan por ti».[6]

Kelly escribió hace poco la versión estratégica de lo mismo (aunque en *Wired*): «No existe un futuro para sistemas cerrados y herméticamente sellados en una economía de red. Cuantas más dimensiones sean accesibles a la entrada y creación de miembros, más beneficios pueden animar la red, y el sistema se autoalimentará y prosperará cada vez más. Si no permite estos fenómenos, se acabará prescindiendo de él».[7]

Así que buena suerte a la hora de encontrar el momento en que nosotros nos paramos y comienza el mercado. La diferencia entre una compañía y el entorno en el que existe se vuelve cada día más difusa. Vuestra agenda se entremezcla con la mía. Todo está confuso.

CUANTO MÁS UTILIZAS, MÁS TIENES

Cuando Kelly habla de «rendimientos crecientes», se está refiriendo en gran parte al trabajo del economista Brian Arthur, que ha hecho más que nadie a la hora de reescribir la economía para la era postindustrial. La observación de Arthur es que, en una era de la información marcada por la conectividad, la velocidad y los intangibles, le sucede algo muy curioso al patrón clásico de rendimientos decrecientes. No sucede.

Al principio, esto suena a herejía. Los rendimientos decrecientes constituyen un pilar de la economía del siglo XIX, después de todo. La idea central es que existen economías de escala en la producción: poder adquisitivo, funcionamiento en tres turnos, ahorro energético, etc., pero que esas mejoras se convierten en proporcionalmente menos importantes conforme aumenta el tamaño. Que-

6. John Donne, *Meditation-XVII, Divine Poems* (1607), o *Holy Sonets* (1618).
7. Kevin Kelly, «New Rules for the New Economy: Twelve Dependable Principles for Thriving in a Turbulent World», *Wired* (septiembre de 1997), págs. 140-197.

dan contrarrestadas por los costes de coordinación, que incluyen esas grandes oficinas centrales del pasado, y por el transporte, que tal vez signifique trasladar toda la producción de una enorme fábrica de acero hasta mercados muy lejanos. Esto explica por qué los economistas, que casi nunca están de acuerdo en nada, tienden a suscribir unánimemente la opinión de que «nada crece hasta el cielo». En otras palabras, ninguna empresa satisface todas las demandas, porque múltiples empresas pueden conseguirlo de forma mucho más eficaz. Según este punto de vista, si una empresa sí domina un determinado mercado, sólo puede ser ejerciendo el tipo de poder que se deriva del monopolio. De hecho, ésta es la base de las leyes antimonopolio desarrolladas en la década de 1890.

Apliquemos el BLUR. ¿Qué ocurre si la conexión hace más fácil y barata la coordinación (redes económicas)? ¿Qué ocurre si no cuesta nada transportar los intangibles y éstos pueden llegar rápidamente a los clientes? Entonces estos costes no aumentarán conforme crezca la empresa. En este tipo de negocio, sobre todo en el software, la mayor parte del coste se encuentra en el desarrollo del producto, y lo más económico es repartirlo entre el mayor número posible de copias. Los costes directos han quedado eliminados, y los rendimientos decrecientes desaparecieron con ellos, víctimas de los intangibles.

Pero existe una fuerza todavía más poderosa que dirige los rendimientos crecientes: la conectividad. Imaginemos que fabricamos un producto en el que cada unidad vendida tiene un valor mayor que la anterior. En otras palabras, se puede cobrar más por la unidad diez mil que por la diez. ¿Suena absurdo? ¿Cuánto pagaríais por la única máquina de fax del mundo entero? Sería un aparato inútil. Pero cuantas más personas la utilicen, más partido sacaremos a la nuestra, y más valor tendrá. *De forma similar, el valor para la red en su conjunto aumenta con la prevalencia del estándar*. Y eso es sólo para los usuarios finales. Estos «efectos de red» conducen a la «conexión». Es la misma historia que el Sun/Java, y constituye otro ejemplo de cómo está cambiando el mundo.

El caso de Windows es el utilizado por Arthur para explicar su razonamiento. Los clientes eligen ordenadores concretos para el software que está disponible. Conforme aumenta el número de usuarios de software, aumenta el valor para la red de las actuales y futuras compras de ordenador. Pero la disponibilidad del software depende de los que lo desarrollan, que lógicamente buscan mercados muy amplios. Por tanto, cuanto más se inunde el mercado con Windows como sistema operativo, más valioso se vuelve para programadores y compradores de software. La batalla entre los sistemas operativos de Windows y de Macintosh ya estaba decidida incluso antes de que apareciera Windows, cuando IBM eligió el DOS de Microsoft como su sistema operativo. Nadie dudaba de que Macintosh tenía la interfaz preferida por los usuarios, pero conforme despegó el PC en el mundo de los negocios en Estados Unidos, fueron adquiridos por los directivos de la red de IBM. El poder de IBM en el mercado estableció el DOS como el estándar, proporcionando a Microsoft vía libre para desarrollar un producto aún más competitivo.

Fue una profecía que se autocumplió: Windows se convirtió efectivamente en el estándar. Es más, como el sistema incluía una curva de aprendizaje, los usuarios se mantuvieron fieles para futuros añadidos y mejoras. Se convirtieron en clientes de por vida, aunque Scott McNealy de Sun tal vez prefiera llamarles prisioneros dentro de su tumba.

Arthur otorga el mérito del fenómeno de los rendimientos crecientes a la alta dosis de intangibles presente en todo software. Nosotros estamos de acuerdo e incluso vamos un paso más allá. Mientras que él afirma únicamente que los productos de información están gobernados por esta nueva ley de la economía, nosotros creemos que todas las ofertas contendrán software y por tanto estarán regidas por al menos algunos aspectos de los rendimientos crecientes. Dirigidos como ya están por dos componentes de la trinidad del BLUR, la velocidad y la conectividad, los intangibles que proporciona el software no pueden quedar muy lejos.

La razón por la que Microsoft disfruta de unos rendimientos crecientes no es tanto porque su producto sea intangible, sino porque el mercado obtiene un beneficio adicional por contar con un sistema operativo estándar. El causante de esta decisión no es la calidad, sino la compatibilidad. ¿Cuándo busca un mercado un estándar? Siempre que existe la necesidad de velocidad y cuando se utilizan altos niveles de conectividad. En otras palabras, en todas partes, siempre.

Dos ejemplos muy sencillos: los teléfonos y el idioma inglés en el mundo de los negocios. Desde luego nadie piensa que es imposible tener un sistema de comunicación distinto al teléfono. De hecho, muchas personas prefieren el correo electrónico. Incluso la radio de onda corta tiene sus partidarios. Así que, ¿por qué todo el mundo tiene un teléfono? Porque queremos maximizar nuestra compatibilidad. Para nosotros es vital comunicarnos, conectarnos con nuestros semejantes.

El uso del inglés en el mundo de los negocios crece de la misma manera. Pocos creen que sea el «mejor» idioma, aunque tal vez sea el más adaptable, pero tiene demasiadas expresiones coloquiales y demasiadas excepciones. Pero empezando con la derrota de la Armada Invencible en 1588, la red de comercio global de Gran Bretaña y el poder industrial de Estados Unidos que le siguieron inclinó la balanza del mundo de los negocios a favor de la comunicación en inglés. El remate se produjo con la combinación de viajes aéreos internacionales y el temprano dominio de Estados Unidos en el software. Resultado: el inglés se ha convertido en el estándar. Nadie puede aplicar una lengua distinta para cada nuevo socio comercial, sobre todo si pretenden expandirse por el mundo y por países de idiomas distintos. De nuevo, la aceptación inicial junto con las ventajas de un estándar alimentan los rendimientos crecientes, en este caso para el inglés.

La compatibilidad ha sido un asunto clave en los sistemas telefónicos y en el lenguaje durante mucho tiempo. Colegimos que conforme la velocidad y la conectividad se vayan convirtiendo en elementos cada vez más importantes de nuestra vida, la necesidad de estándares se producirá en otras áreas distintas. También será una cuestión bastante urgente. ¿Cuántos teléfonos, vídeos, termostatos, microondas y otros electrodomésticos sabemos cómo programar? Ya sea vuestra oferta tangible o intangible, el potencial para la fidelidad y los rendimientos crecientes está ahí.

Para no extenderse sobre la cuestión, la necesidad de estándares es parte esencial del surgimiento de las redes económicas. Los procesos, plataformas, componentes y sistemas estándar permiten a las empresas conectarse *y* separarse. Hay que establecer un estándar fuerte antes de poder dar los pasos más elementales para contratar fuera, compartir servicios y realizar el trabajo en equipo a distancia. Ampliar las redes económicas exigirá nuevos y más amplios estándares.

Sin embargo, la fidelidad no sólo tiene cosas buenas. Puede ralentizar la innovación, ya que el mercado es reacio a abandonar un estándar ya existente. No es muy distinto a la evolución natural, que mejora una característica ya existente antes que inventar nuevas características. Los espectadores de la televisión norteamericana soportan una calidad de color bastante pobre, por ejemplo, porque en los lejanos y primeros días de la televisión en blanco y negro, Estados Unidos adoptó el estándar NTSC. El resto del mundo tomó la decisión más tarde y, como resultado, disfruta de una mayor calidad.

Nuestra creencia de que hace falta un único estándar nos posiciona claramente contra las leyes antimonopolio. Opinamos que ese tipo de monopolio crea un gran valor para la red como conjunto. Hay que recordar que un estándar no tiene por qué significar una empresa. Ésa es la diferencia entre Windows y Java. Pero una empresa no tiene por qué significar siempre monopolio en el sentido de «malo para el consumidor»; así que la cuota de mercado y la concentración industrial, las consecuencias en el tiempo de la ley antimonopolio, tal vez no sirvan necesariamente al interés general. Creemos que se reescribirá la ley para distinguir entre el valor de incluso un estándar subestándar (McNealy de Sun llama a Windows «bola de pelo») y el abuso de la posición de ser el que establece el estándar (el supuesto envenenamiento de Java como un estándar de plataformas cruzadas o la presuntamente innecesaria incompatibilidad de Internet Explorer con Windows 98).

Los mercados reales imitarán a los mercados financieros

Que los rendimientos decrecientes se conviertan en rendimientos crecientes es sólo una rareza económica en el mundo del BLUR. Gran parte de los postulados clásicos de la economía quedarán igualmente en entredicho. Por ejemplo, el presupuesto central de que el conjunto de bienes y servicios permanece fijo durante el período analizado se convierte en ridículo en este nuevo tipo de economía. De manera concomitante, algunas abstracciones económicas tradicionales darán por fin el salto de la teoría a la realidad. Los presupuestos clásicos de la economía de «información perfecta» en el mercado, por ejemplo, y los eficaces manejos de la «mano invisible» están de hecho a nuestro alcance, atrapados en la frase «capitalismo sin fricciones».[8] Ya estamos asistiendo a este fenómeno en los mercados de ordenadores, equipos de audio y coches. Nos guste o no, *los mercados para lo que los economistas llaman «auténticos bienes y servicios» se comportan a menudo como mercados financieros*. Incluso en el pasado reciente, Wall Street parecía disfrutar de una dispensa especial en su forma de fijar el precio, la gestión del riesgo, el conocimiento del producto, la retroalimentación, la regulación, la consideración del concepto de valor y la fuente de valor. Ya no.

El precio

El primero de éstos, el precio, es lo que más claramente diferencia a los mercados financieros. Llamemos a nuestro interme-

8. Término que aplican los economistas a cómo funcionan realmente los mercados frente a una hipotética competencia perfecta.

diario de Bolsa para comprar acciones de Ford Motor. Llamemos un día después para comprar más. Os imagináis diciendo: «¿Cómo, que el precio ha cambiado?». El hecho es que todos sabemos que los precios de los instrumentos financieros cambian a cada minuto, y también sabemos por qué: los protagonistas del mercado están fuertemente conectados, los instrumentos cambian de mano rápidamente, y todo el mundo obtiene una retroalimentación de información de manera instantánea. Imaginemos que ocurriera lo mismo con el champú, las pastillas para la tos o los pantalones que compramos. No es inconcebible. De hecho, no nos extraña acudir a una gasolinera y encontrarnos con que el litro de gasolina tiene un precio distinto al del día anterior. Antaño, dichas actualizaciones eran bastante infrecuentes; los propietarios de gasolineras escribían los cambios de precio en los carteles. Hoy en día, las señales están pensadas para adaptarse a frecuentes cambios porque los precios cambian semanalmente, si no con más frecuencia. Lo mismo ocurre con el sector de la alimentación. Si la cosecha de café ha sido mala, el precio sube. Los ajustes solían ser anuales; ahora dependen de las noticias diarias. En el mundo del BLUR, tal vez los cambios sean continuos.

Fijar el precio en tiempo real es un fenómeno que ya se produce en los mercados de bienes reales para los billetes de avión, la energía, las llamadas a larga distancia, incluso la electrónica. Por ejemplo, NECX es un intercambio en línea para componentes informáticos que enlaza más de 20.000 fuentes certificadas de todo el mundo. Como tiene información a tiempo real sobre la disponibilidad y el precio, NECX puede ofrecer un precio dinámico para más de 200 millones de componentes electrónicos. Los clientes obtienen asimismo otras ventajas, incluidas comparaciones de productos, búsqueda personalizada, la posibilidad de ver la mercancía disponible y la capacidad de mantener un seguimiento de los pedidos. ¿Cuánto tiempo pasará antes de que Starbucks invente un dispensador de billetes que informe de los cambios a la hora en el precio de Java Rich Roast? ¿Cuánto tiempo pasará antes de que las patatas fritas tengan la misma consideración en el mercado que las acciones de Bolsa?

Riesgo

Los mercados reales se parecerán a los mercados financieros en muchos otros aspectos. En especial, la gestión del riesgo se ha convertido en una ciencia de arcano precisamente porque los mercados de capital están sujetos a la volatilidad de los precios. Conforme los precios de los bienes reales se vuelven igual de variables, asistiremos a los equivalentes en el mercado real de los derivados, los seguros, la diversificación y otras herramientas que acaban con el riesgo. Un precursor de este fenómeno es la garantía ofrecida por Tweeter, una cadena de tiendas de equipos de audio al noreste de Estados Unidos. Si compramos algo en una de sus tiendas, y luego vemos el mismo artículo anunciado más barato en algún importante periódico local dentro de los treinta días posteriores a la compra, Tweeter nos enviará automáticamente un cheque por la diferencia. Incluso más impresionante, nosotros no tenemos que hacer nada, ni siquiera enviar una reclamación. Cuando realizamos la compra, lo que pagamos, junto con nuestro nombre y dirección, queda registrado automáticamente en una base de datos conforme salimos de la caja. Durante el mes siguiente, los empleados de Tweeter buscan anuncios de la competencia para comparar precios. En esencia, por tanto, cuando compramos unos auriculares, también compramos el mejor precio, es decir, el valor de la oferta electrónica se ha visto mejorado por un intangible, el seguro financiero.

Conocimiento simétrico del producto

Una diferencia importante entre los mercados reales y los mercados financieros se ha producido en los niveles de conocimiento del producto que compradores y vendedores aportan a la transacción. En el mercado de bienes reales, existe una notable tradición de asimetría en la información. Como compradores de un coche nuevo, veíamos el precio en la etiqueta, pero sabíamos que era mentira. El problema era que no había forma de conocer el coste de la factura que había pagado el concesionario, lo que significaba que éste tenía todos los ases en la manga. Esta asimetría no existe en los mercados financieros. La información existe para que cada uno realice sus propios cálculos de beneficios a largo plazo, tan precisos como los de los profesionales, y los futuros ingresos de la empresa seguirán siendo un misterio, para el consejero delegado, el analista, vosotros y, en última instancia, como muestran los cambiantes precios de las acciones, el mercado en su conjunto. De hecho, en los mercados financieros, si se utiliza información asimétrica, se puede acabar en la cárcel. Se llama información privilegiada.

Y ¿dónde se equilibra el conocimiento del producto en los mercados reales? En todas partes. Ni siquiera hace falta acudir a la biblioteca y buscar en los números atrasados de *Consumer Re-*

ports; está todo en Internet. Si acaso, un comprador con una idea clara está ahora mejor informado que el vendedor, que tal vez no haya estudiado tan profusamente a la competencia. Se puede teclear www.compare.net para buscar características y precios de los productos con más rapidez que marcando un número de teléfono. ¿Comprar neumáticos? Si conectamos con la página de TireRack, tendremos más información de la que necesitamos. Nos envían las ruedas al garaje, donde el tipo que solía ser nuestra mayor fuente de información nos las instalará. Es incluso divertido: ahora que la fiesta se acaba, observad lo amables que se vuelven algunos vendedores. Los concesionarios de coches envían habitualmente por correo los precios facturados. Incluso muestran los vehículos de la competencia, con las etiquetas, junto a los suyos.[9]

Retroalimentación en tiempo real

Una información sobre el producto más precisa y disponible se ve propulsada en parte por bucles más rápidos de retroalimentación, otra característica de los mercados financieros que aparece ahora en los mercados reales. Por supuesto, la retroalimentación en los mercados financieros es muy cercana al tiempo real. Se publican los beneficios trimestrales, y los precios de las acciones reaccionan inmediatamente. Los inversores oyen comentarios negativos sobre la calidad de una emisión y se apresuran a vender. En contraste, la retroalimentación en los mercados reales es glacial. ¿Se preguntan si el nuevo modelo se adapta bien a los consumidores? Permanezcan sintonizados para el siguiente parte de ventas que se emitirá dentro de tres meses. ¿No os gusta el nuevo menú de Denny's? ¿Por qué no escribís a vuestro representante en el Congreso? Sin embargo, la extendida conectividad está entrelazando más firmemente esos bucles de retroalimentación. En Cisco Systems, los clientes teclean la dirección en Internet a todas las horas del día para acceder a la documentación y a los problemas encontrados. Cisco rastrea el nivel de utilización continuamente y responde a los inconvenientes más graves de los clientes con mejoras y consejos rápidos. También los supermercados están fortaleciendo los bucles de retroalimentación con programas para el comprador habitual. Analizando las cestas de la compra de sus mejores clien-

9. El *New York Times* mostró un ejemplo de esto en su número del 31 de agosto de 1997. Robyn Meredith, «Buick Bringing Its Rivals to the Showroom Floor», sección 1, pág. 35, col. 2.

tes, pueden cambiar continuamente su oferta de paquetes de alimentos para recabar unos mayores beneficios. Además, pueden enviar promociones a compradores individuales en tiempo real. Comprando los alimentos infantiles Gerber's, la caja nos regala un vale para pañales.

Regulación

La regulación, durante mucho tiempo una característica de los mercados reales, se está convirtiendo en tan insostenible en ese caso como en el de los mercados de capital. El gran cambio fue la flotación de los tipos de cambio, un hecho que sirvió para darse cuenta de que los mercados estaban tan conectados y la información de los especuladores era tan actual y simétrica que a la moneda no se le podía asignar un valor equivocado, ni por todo el oro de Fort Knox. Esta idea se reflejó en la liberalización de la industria de servicios financieros. Y ahora hemos visto que ha llegado a tres industrias de bienes reales: telecomunicaciones, gas y líneas aéreas, que en su día se consideraron inmunes al cambio. La desunión, las barreras más bajas a la entrada y la competencia creciente terminaron con esa imagen, y los jugadores de cada uno de esos sectores se han convertido en competidores feroces. La velocidad del negocio, los intangibles que lo dirigen y la conectividad de la economía deciden el final del estilo de regulación que, al igual que la legislación antitrust, se llevó a cabo para los modelos competitivos del mundo pre-BLUR.

Valor

El concepto de valor es la última área de convergencia entre los mercados de instrumentos financieros y los bienes y servicios reales. Nuestro punto de vista hacia el valor de los bienes reales siempre se ha orientado hacia los costes de los componentes. Tradicionalmente consideramos las empresas en términos de su balance de situación y las valoramos según los depósitos de mercancía y capital que poseen. En los negocios financieros, por el contrario, asignamos valor centrándonos en el potencial de beneficios futuros. *El flujo futuro, y no la pasada acumulación de mercancía, es la esencia de la actividad financiera*. Hoy en día, con más frecuencia, esta mentalidad se está trasladando a la forma de valorar los bienes reales. La mejor prueba es la creciente disparidad entre el promedio de valor contable de la empresa y su capitalización en el mercado, una diferencia que se conoce como Q de Tobin[10] y que fue descrita por George Gilder en el *Wall Street Journal* como el «índice de la dinamita empresarial en un capital social».[11]

Consideremos DreamWorks SKG, la compañía de producción de cine que ya hemos mencionado en otro capítulo y que fue creada por Steven Spielberg, Jeffrey Katzenberg y David Geffen. Como describimos en el capítulo 1, cuando se lanzó la oferta pública inicial, el equipo ni siquiera poseía una fotocopiadora, y desde luego ninguna propiedad inmobiliaria, inventario, o nada creativo que los inversores pudieran pagar por ver. Pero no les importaba. Se lanzaron como velocirraptores hambrientos y establecieron el valor de la empresa en 2.000 millones de dólares. O consideremos el valor de WorldCom en la época de su intento de adquirir MCI. En un momento en que AT&T y las compañías telefónicas tenían una base instalada de equipamiento de red valorado en 264.000 millones de dólares y una capacidad de mercado de aproximadamente el mismo valor (para un Q de 1), WorldCom tenía unos 5.000 millones de dólares en equipamiento pero una capacidad de mercado de 33.000 millones (para un Q de 6,5). Eso es mucho valor intangible basado en expectativas futuras. También es una ventaja de adquisición increíble, un dólar de activo tangible por quince céntimos y altas expectativas. Pero no os burléis. ¿Recordáis lo absurdo de asumir un conjunto fijo de bienes y servicios? El sentido de la valoración debería inclinarse hacia el incierto futuro, no el poco fiable pasado. ¿Os parece demasiado arriesgado? Nunca os prometimos un camino de rosas.

Esta nueva mentalidad pronto animará a los jugadores del mercado de bienes reales a pensar en la fuente de valor de forma algo diferente. En la actualidad, el valor que derivamos de los bienes y servicios que compramos reside en su uso. La fuente de valor en el caso de los instrumentos financieros está en el comercio. Por supuesto, el arte y las antigüedades siempre se han comportado como instrumentos financieros pero, hoy en día, los mercados secundarios han abierto tienda en Internet para ordenadores usados, piezas de ordenador y todo tipo de accesorios. Sabemos del caso de alguien que compró un Acura NSX, un coche de 85.000 dólares, no para usarlo, sino como especulación.

10. La Q de Tobin es el índice del valor del mercado de una empresa al valor de sustitución de sus activos físicos.

11. «The Fiber Baron», *Manager's Journal*, WSJ-Interactive edition, 6 de octubre de 1997.

La siguiente tabla resalta algunas de las diferencias entre mercados reales y financieros.

TIPOS DE MERCADOS

CARACTERÍSTICAS	Mercados reales	Mercados financieros
Precio	Fijo	Variable
Conocimiento de la oferta	Asimétrico	Simétrico
Tiempo de retroalimentación	Con retraso	En tiempo real
Mentalidad de valor	Depósito	Flujo
Fuente de valor	Uso	Comercio
Regulación	Posible	Insostenible
Riesgo	Eliminado con el diseño	Adaptado y protegido

Debéis preguntaros en qué parte de vuestro negocio funcionan las características «reales», y considerar qué ocurriría si fueran sustituidas por sus equivalentes «financieros». ¿Qué ocurriría si nuestros clientes supieran inmediatamente cuándo ha bajado el precio el provedor de componentes? ¿Qué ocurriría si el mercado de valores considerara vuestra fábrica una barrera para el éxito, no una barrera para la entrada de los competidores? ¿Qué ocurriría si los clientes especularan con nuestro producto, cambiando el precio y la demanda cuando cambiaran de opinión?

Nuevas estrategias para un mundo confuso

Hemos señalado que una estrategia empresarial sensata se basa en una comprensión de la economía. Dado el surgimiento de las redes económicas, y el desmantelamiento total de la economía tradicional que se produce en la actualidad, ¿qué debe hacer una empresa? No es extraño que, en 1991, *Forbes* informara de que todo tipo de empresas estaban despidiendo a los economistas de su plantilla. «Como los reyes antiguos que despachaban con sus astrólogos, los grandes negocios están despidiendo a sus adivinos económicos», afirmaba la revista. «Mirar a las estrellas era muy divertido e interesante, pero no muy útil.»[12]

Aquí van algunas ideas sobre qué es lo que exige el nuevo concepto de economía. En primer lugar, la importancia de la velocidad significa un cambio de pasar de confiar en la predicción, la anticipación y la planificación a confiar en la flexibilidad, el valor y unos reflejos más rápidos. Y con los intangibles como motor desencadenante del valor, la estrategia debe concentrarse constantemente en la manera de incrementar el componente no físico de lo que se fabrica y vende. Altos niveles de conectividad significan que la estrategia ya no puede ser cuestión de «nosotros contra el mundo». En el futuro, consistirá en el temprano reconocimiento de los jugadores adecuados con los que conectarse. Más importante todavía, debería girar alrededor de la búsqueda para establecer el estándar. Finalmente, la llegada de información simétrica y en tiempo real exige la transformación de cómo se vende y comercia con una oferta.

¿Cuáles son las implicaciones de intentar hacer todo esto de forma simultánea, mientras las arenas se tornan movedizas bajo nuestros pies? Fundamentalmente, el BLUR nos exige, y nos permite, hacer lo siguiente:

— dejar que el mercado gestione nuestra oferta;
— dejar que el mercado establezca el precio de nuestra oferta;
— dejar que el mercado publicite nuestra oferta.

Si esto parece más una antiestrategia que una estrategia, es que probablemente lo es. Pero analicemos cada uno de estos novedosos conceptos de uno en uno.

Que el mercado gestione nuestra oferta

Pensemos en el papel del director tradicional de productos. Busca aplicaciones para una nueva tecnología o capacidad, refina esa capacidad para adaptarse a las necesidades del mercado, formula ofertas específicas con claras proposiciones de valor y determina qué canales y socios de canal son necesarios para una máxima eficacia. Ahora hay que preguntarse: ¿por qué es necesaria esa persona? En una red económica densamente interconectada, estas cosas

12. «Dreary Days in the Dismal Science», *Forbes* (21 de enero de 1991), pág. 68.

pueden ocurrir de manera espontánea, eficaz, y mucho más eficaz incluso sin un gestor al cargo.

Pensemos de nuevo en Sun y su gestión de Java. Asignando fondos a un fondo de capital de riesgo, está primando la necesidad de encontrar nuevas aplicaciones, pero no se centra en descubrir la aplicación estrella por su cuenta. También está permitiendo al mercado, en lugar de a algún presupuesto generalmente politizado, que asigne los escasos recursos y talento inventor a las oportunidades más prometedoras. De forma similar, Netscape está dejando que el mercado desempeñe el papel de mejorar su software. Su programa de «bugs for bounty» (insectos por botín) es un golpe genial. En lugar de pagar a sus propios ingenieros para que suden la camiseta con cada línea de código, incentiva a los usuarios para que encuentren los problemas. Incluso hay más talento en la oferta: para los clientes, el botín hace desaparecer gran parte del dolor de la picadura del insecto.

¿De qué otras formas implican los proveedores al mercado en su oferta? Durante años, las estaciones de radio se dieron cuenta de que los conductores de hora punta, atrapados en un atasco, criticaban los informes de tráfico, así que empezaron a pedir a sus oyentes que cogieran su teléfono móvil y participaran. Los programas de noticias solicitan a los ciudadanos el mismo tipo de ayuda para encontrar historias curiosas. MTV lo hace mejor, insistiendo en «que el mercado fabrique vuestra oferta». En realidad, MTV es poco más que un creativo y lucrativo intermediario para grupos de música que necesitan un escaparate y fans que harían cualquier cosa por conectar con el rock'n'roll. Con los vídeos de rock de las bandas, la Fiesta de la Playa de la MTV (las fans bailando delante de los grupos musicales) y la «Vida Real» (las fans cuando no bailan delante de los grupos de música), MTV es fundamentalmente un canal para, por y del público.

Mientras tanto, Scott Adams, creador de tiras cómicas, siempre está dispuesto a que los lectores de Dilbert le proporcionen ejemplos de descuido empresarial. En su caso, el mercado está haciendo tanto por él que ha podido despedirse de su puesto de ejecutivo de sistemas de información en PacBell, un trabajo que había sido hasta entonces su mejor fuente de material.

Estos ejemplos demuestran que el director de producto se está convirtiendo en un maestro de la red. Es probable que el mercado pueda hacer mucho más por nuestra oferta e incluso por toda nuestra red económica que lo que habíamos imaginado. No intentéis vencer al BLUR. Uníos a él.

Que el mercado fije el precio de la oferta

Fijar el precio es una tarea de la que realmente hay que librarse. De hecho, ya no es asunto nuestro. Ésa es la lección que han tenido que aprender los concesionarios de coches cuando se unieron a la red de Auto-by-Tel. Como ya hemos descrito anteriormente, este servicio localizado en Internet permite a los compradores conocer el mejor precio de su zona sobre el vehículo que desean comprar. Literalmente, cada pedido sale a subasta en la red de concesionarios a la que se conecta Auto-by-Tel en cualquier área geográfica. El precio queda determinado siempre por la subasta y por el mercado. Y cambia constantemente.

Tweeter, también citado anteriormente, es otro ejemplo. Revisa sus precios siempre que un competidor ofrece algo más barato. También hemos comentado las subastas de billetes de avión en tiempo real de American Airlines. Lo importante es esto: hay que aceptar que el mercado para nuestra oferta también desea comportarse como un mercado financiero, y que la mano invisible ya está sumergida en nuestra cartera.

Que el mercado publicite nuestra oferta

Tal vez el mayor salto de confianza será reconocer que el mercado puede publicitar eficazmente el producto por nosotros. Probablemente ya es cierto que *sólo* el mercado puede hacerlo. Esto ha tardado bastante tiempo en llegar, y tiene mucho que ver con la sobrecarga de información que soporta diariamente cada uno de nosotros como resultado de la proliferación de los medios de comunicación, las comunicaciones baratas y los recursos publicitarios fácilmente disponibles (el actual lado oscuro del BLUR). Como consumidores, nos da la impresión de que los mensajes publicitarios nos asaltan a saco. Sin embargo, como publicistas, sabemos que ya no podemos depender de una sola baza para divulgar nuestro mensaje. Pero los clientes cada vez más sobrecargados también se vuelven cada vez más irritables. Han pasado de hacer un zapping manual por los canales de televisión y de colgar el teléfono a los investigadores de mercado a instalar aparatos de televisión con autozap y equipar sus teléfonos con filtros para identificar a la persona que está llamando. Su actitud defensiva no hará sino aumentar. ¿Qué debe hacer el pobre director de marketing? En Virgin Atlantic están plantando guerra a la alianza entre British Air y American Airlines en un medio nuevo: pintando «Nada de BA/AA» en la carcasa de los 747. Si los pájaros pudieran leer, y votar...

Disney es un buen ejemplo de lo que funciona hoy en día. Incluso aunque su próxima película esté todavía en la mesa de dibujo, la empresa ya cierra contratos de *merchandising* con todo tipo de clientes. Otorga esos derechos a empresas que también harán publicidad para incentivar las ventas de Disney. Y, basándose en el éxito del pasado, tiene la capacidad de garantizar que la calidad de esa publicidad estará a la altura de su película. George Lucas va más lejos. Su Skywalker Productions no gestiona el mercado; garantiza los estándares que permiten prosperar al mercado (como Sun con Java). Cada decisión, tapa de cuaderno y camisetas con contenidos de la Guerra de las Galaxias se prueba primero para ver si funciona y luego se incorpora a la lista de Skywalker del universo de la Guerra de las Galaxias. ¿En qué se diferencia de lo que hace Disney? Disney desarrolla él mismo todo el contenido, mientras que Lucas deja que contribuya el mercado.

De nuevo, la estrategia consiste en determinar la relación de vuestra propia compañía con su entorno. En un mundo de redes económicas, esas relaciones se ven profundamente alteradas. Hemos dicho que no sabemos dónde acabamos nosotros y dónde empieza el mundo exterior, así que dejemos que el mercado decida lo que puede hacer por nosotros, seguro que lo hace mucho mejor. No es una idea tan rara cuando consideramos que el mercado, en su conjunto, ha venido gestionando el índice de rendimiento más importante: la capitalización del mercado. Con el solapamiento entre real y financiero, ¿qué más podríamos esperar? Sin duda alguna, va a exigir una serie de reconsideraciones a alto nivel. Así que el BLUR no es el final de la estrategia; es tan sólo el final de la estrategia tal y como la conocemos.

La red económica

¿Conocéis vuestra red? ¿Quiénes son los jugadores? ¿Qué quieren? ¿Cuáles son sus relaciones? ¿Quién está generando valor y cuánto? ¿Qué jugadores fuera de la presente red podrían cambiar las relaciones? ¿Vuestro lugar en la red crecería o disminuiría?

Rendimientos crecientes

¿Qué partes de vuestro negocio pueden ofrecer rendimientos crecientes? ¿Los estáis gestionando de manera distinta? ¿Cuál es el papel de la escala en vuestro negocio? ¿Dónde desempeña un papel la lealtad? ¿Estáis adoptando políticas controladas por el mercado o por el proveedor?

Intercambio financiero

¿Estáis preparados para llevar vuestro negocio conforme a las reglas de los mercados financieros? ¿Estáis listos para que fluctúen los precios? ¿Para que los clientes tengan la misma información que vosotros? ¿Para que el valor provenga del flujo y no del depósito, y del valor de cambio más que del uso?

5

LA RED ORGANIZATIVA

DIRIGIR LA EMPRESA CONFORME A LAS REGLAS DEL MERCADO

> Las fronteras de las organizaciones se vuelven tan permeables que su identidad se difumina y desaparece, mientras que aumenta la importancia de unidades económicas más pequeñas (individuos) y más grandes (alianzas y regiones tipo Silicon Valley). Las organizaciones en tiempo real dejarán de ser un oximoro.

Desde 1960, Let's Go ha publicado una serie de guías de viaje para aquellos que no desean gastar demasiado dinero. En 1998, cubrirán 26 países, desde Suecia a Nueva Zelanda. Pero la empresa tiene tan sólo un empleado permanente, el director de oficina. Los otros 230 miembros del personal son estudiantes de Harvard, que cambian cada año.

En la época en que Bill McGowan estaba convirtiendo MCI en una compañía telefónica de larga distancia y gran prestigio, dio en el clavo aplicando una reorganización importante cada seis meses aproximadamente, y cortando las relaciones existentes para que su empresa tuviera la oportunidad de innovar.

En Morgan Stanley y otros bancos de inversión, se forma un equipo alrededor de cada nueva oportunidad, que lleva el proyecto hasta el final y que luego se dispersa.

Capital One Financial saca anualmente 14.000 nuevas ofertas al mercado de tarjetas de crédito. La mayoría de ellas fracasan; sin embargo, la empresa es una de las más rentables en su campo. Una de las principales razones es que cada oferta tiene un producto campeón que no exige el desarrollo de una nueva estructura.

En 1989, el mundo occidental asistió atónito a la caída del muro de Berlín, que acabó no sólo con los regímenes que lo consolidaron, sino con todo el concepto de una economía centralista. Se oyeron muchos «ya te lo dije». Sin embargo, muchos de los que se jactaron de haber adivinado la caída del muro no se dieron cuenta de que, en un aspecto significativo, el comportamiento soviético no sólo había sobrevivido, sino que estaba vivo y coleando en su patio trasero. Lo que queremos decir es que, desde el punto de vista de la gestión, gran parte de Occidente dirige sus empresas de la misma forma en que los soviéticos dirigían su economía.

¿Acaso os había llamado la atención? Volvamos atrás y echemos un vistazo a los errores de la economía que adoptaron e impusieron los soviéticos sobre sus dominios y veamos lo que nos puede enseñar sobre las empresas de hoy en día. Al nivel más simple, el aparato de planificación no estaba adaptado a la tarea de asignar inversiones, materiales y mano de obra para satisfacer los deseos de una población muy diversa. Los bienes eran escasos y de mala calidad, o abundantes pero carentes de demanda. Los bienes de capital estaban inservibles por falta de piezas de repuesto. La gente acudía a su trabajo, llevaba a cabo pocas tareas y no obtenía ningún placer con ello. El aforismo ruso lo resumía de la siguiente manera: «Nosotros hacemos como que trabajamos, y ellos hacen como que nos pagan».

Pero nosotros somos los tecnócratas. ¿No deberíamos admirar todo el poder informático que aplicaban los planificadores centrales soviéticos para resolver las ecuaciones económicas? ¿Acaso los programas tradicionales no dirigen nuestras refinerías de manera eficaz? ¿Qué ha salido mal? Tal vez si lo intentáramos con ordenadores «reales», en lugar de los que colocaron en la estación espacial MIR...

Adaptabilidad

El núcleo de la cuestión es la adaptabilidad. Por supuesto, los programas tradicionales pueden optimizar una refinería, porque es un sistema estable: sabemos cuáles son los ingredientes necesarios, cuáles son los productos deseados y cómo funcionan los procesos intermedios. Todavía mejor, ese proceso no cambia (o si lo hace, tenemos mucho tiempo para reorganizar nuestro modelo matemático mientras construimos el físico). Así es como funcionaban también las economías planificadas. Se creó una «tabla de entrada/salida» estadística para que los planificadores pudieran enumerar el resultado que juzgaran deseable, y después programar todos los factores de producción y bienes intermedios.

Pero ¿cómo se solucionan problemas con literalmente millones de variables interdependientes, cada una de las cuales puede cambiar en cualquier momento? Al mismo tiempo, ¿cómo puede una economía adaptarse al flujo continuo en todo lo que afecta a los recursos y deseos? Respuesta: se divide el problema en pequeñas piezas locales, y se resuelven independientemente de la mejor manera posible.[1] Estas piezas se llaman mercados, y cada solución se llama el precio de compensación del mercado. Las economías de mercado llevan solucionando estos problemas desde las rutas de comercio precristianas, razón por la cual Java deja que el mercado desarrolle su producto, en lugar de diseñarlo todo centralmente.

Pero adivinen. Estados Unidos y otras economías occidentales continúan proporcionando un hogar seguro para el enfoque «ordeno y controlo» que marcó la gestión económica soviética, no a nivel macroeconómico, sino en su estilo de gestión. Ya hemos comentado que la estrategia en la época del BLUR significa que una empresa debe adaptarse a su entorno, a la red económica. Pero una organización dirige una minieconomía, con miles de variables que cambian continuamente. Tiene que ser tan adaptable como la economía de la que participa. Tal vez penséis que vuestra organización, el lugar en el que trabajáis, ayudáis a gestionar, en el que realizáis llamadas importantes, es sólo eso: adaptable. Tal vez protestéis porque no está dirigida por una tabla fija de entrada/salida al más puro estilo soviético. Pero entonces pensad: ¿cuántas veces habéis oído preguntar a alguien: «¿Ya es el presupuesto final?» ¿Las acciones no se ven determinadas por un cuerpo centralizado de toma de decisiones como el Politburó? (¿Alguien tiene la tabla de las autoridades que deben aprobarlo?) ¿Las organizaciones no tienen a sus empleados en trabajos poco gratificantes y poco productivos? (Por favor...).

Hasta ahora, las organizaciones empresariales seguían casi inexorablemente las reglas de poder y estatus generalmente asociadas a las burocracias, si no a las dictaduras. Una economía de mercado, por otra parte, sigue las reglas de la economía, lo que significa prescindir de leyes arbitrarias y de la jerarquía y tener la posibilidad de reaccionar de manera instantánea a nueva información. Por

1. En física, métodos como el análisis de un elemento finito y los endurecimientos simulados se utilizan para comprobar el comportamiento de grandes sistemas conectados. Estos enfoques tratan cada elemento (por ejemplo, una pequeña pieza de un montante que soporta el ala de un avión) como un elemento independiente que reacciona a los estímulos entrantes de forma que influye en sus vecinos, un agente pasivo pero conectado. Existen nuevos métodos que provienen del estudio de complejos sistemas adaptativos y que utilizan agentes más activos, con gran «poder de toma de decisiones». Muy pronto, estos enfoques basados en los agentes servirán para modelar redes conectadas de agentes económicos activos, incluidas empresas y consumidores.

eso es por lo que tantos altos ejecutivos se sienten frustrados con su empresa. Se encuentran permanentemente fuera de onda con respecto a una economía adaptable porque están constreñidos por normas que actúan como barreras a la adaptación interna. A todos nosotros nos resultan familiares las quejas y excusas: al jefe no le gustará; no nos asignarán presupuesto; la persona que ha tenido esa idea fantástica no cuenta con la influencia necesaria para que funcione... Tal vez nosotros mismos hayamos dicho algo parecido en alguna ocasión. Sin embargo, los auténticos líderes desean una adaptabilidad mayor de la que es capaz de proporcionar su empresa. ¿El BLUR es el problema o la solución?

Para los soviéticos fue el problema. Las fuerzas motrices del BLUR precipitaron la caída. La velocidad, una propiedad de la red económica descrita en el capítulo anterior, abandonó esos pomposos planes quinquenales a su suerte. La conectividad, mediante la cual un cambio en una parte del mercado afecta instantáneamente al resto del panorama, origina desequilibrios muy importantes entre tractores y relojes de bolsillo. Y los intangibles, apenas considerados por los economistas soviéticos, alejaron aún más el producto económico planificado de los deseos reales de los consumidores. Todos los puntos débiles de una economía planificada se ven magnificados mil veces por el BLUR.

Si no nos adaptamos, el BLUR acabará también con nosotros. Las organizaciones que no consiguen sustituir la burocracia y la regulación con mercados internos y otras características de adaptación, en otras palabras, las empresas que se resisten al BLUR, caerán al igual que el muro y la economía soviética. Desacreditadas, ridiculizadas, en ruinas.

Pero para la economía que perciba este nuevo fenómeno, formará parte de la solución. Bill McGowan lo entendió perfectamente. Por eso reorganizaba de manera arbitraria MCI cada seis meses, no para solucionar un problema empresarial concreto, sino para combatir las estructuras políticas antes de que se anquilosaran. Esta estrategia permitió crear nuevas redes. Ninguna reorganización por sí misma pretendía crear el diseño perfecto de una nueva organización (planificación), sino otorgar a los individuos la oportunidad de autoorganizarse y evolucionar en respuesta a los cambios que se estaban produciendo en los negocios (adaptación).

Este capítulo trata de la construcción de una organización adaptable. En primer lugar, significa que la red organizativa debe regirse por los principios de la red económica. La actividad económica obedece a las mismas reglas a nivel de la economía, la empresa e incluso el individuo; el BLUR es *fractal*. En segundo lugar, las ideas que se están desarrollando actualmente en el mundo de la ciencia sobre los sistemas adaptables se pueden aplicar a las organizaciones. Por ejemplo, consideremos la variedad: merece la pena pagar un precio en eficacia por la *diversidad* de pensamiento que alimenta la innovación. Además, hacer que las *fronteras sean permeables* permite que surjan nuevas ideas y una organización es tanto más robusta cuanto es inestable, al «borde del caos». Tercero, ser a la vez grande y pequeño y crear un saludable agitación dentro de la organización constituyen dos estrategias para construir la adaptabilidad.

Buscando la empresa del futuro

La manera de satisfacer los deseos cambia radicalmente cuando se produce una transformación económica, como ocurrió cuando la jerarquía industrial sustituyó a la pequeña propiedad al final de la revolución industrial. Sólo conforme General Motors, DuPont, Standard Oil y los ferrocarriles se convertían en enormes empresas nacionales se hizo necesario un nuevo enfoque organizativo. Podemos esperar que este patrón se repetirá, es decir, que el cambio organizativo seguirá al cambio en los negocios. Cuando las empresas abracen totalmente la red económica, también surgirá un nuevo modelo organizativo, pero como esto ocurrirá más tarde, es más difícil saber hoy en día cómo será. Pero aquí tenemos una pista: hay que aprender a construir una empresa que se adapte a la economía con la misma rapidez con que cambia dicha economía. En otras palabras, hay que construir una organización moderna. Cuando lo hagamos, recordemos asimismo un hecho crucial: no es distinta de la economía; es parte de la economía, y está sujeta a las mismas fuerzas. Por tanto, nuestra organización necesita funcionar con las mismas reglas.

Los teóricos del caos hablan de la propiedad «fractal» de muchas cosas naturales, lo que significa que tienen la misma estructura a niveles distintos. Un árbol, un tronco y una rama, la estructura de bifurcación, son iguales a todas las escalas. Eso es porque todas forman parte de nuestro sistema conectado, y desempeñan el mismo papel.[2] De la misma manera, el individuo, la organización y la

2. Los árboles y las ramas son idénticos porque están diseñados según los mismos principios del flujo de fluidos y requisitos de nutrientes a todos los niveles. Y aquí tenemos otra interesante similitud: los sistemas cardiovasculares, los sistemas respiratorios, los sistemas vasculares de las plantas, los sistemas de los ríos y los sistemas de respiración de los insectos constituyen ejemplos de redes de bifurcación

economía están intentando generar valor dentro de un conjunto coherente de reglas económicas.

La gran idea, por tanto, es ésta: los métodos para la creación de valor deben ser los mismos a nivel macro y microeconómico, la economía y la empresa. La estructura de la red económica descrita en el capítulo 4 debería ser la misma que la estructura de una red organizativa adaptable. Esto permite a nuestra empresa formar parte de la red económica (una rama del árbol) y ser una red económica en sí misma (un tronco lleno de ramas). Veremos en el siguiente capítulo que esta propiedad fractal, utilizar los mismos principios a todos los niveles, se aplica igualmente al individuo.

La principal implicación de todo lo que hemos escrito sobre la red económica es que también se aplica internamente. El «producto» CFO no es un conjunto de informes financieros, es una oferta de información, análisis y acción. Ocurre lo mismo con los diseños de los ingenieros para un producto. Los departamentos de las empresas no compran gestión de beneficios a las organizaciones de servicios compartidos, sino que intercambian poder adquisitivo, sensaciones de seguridad e historiales individuales para los seguros, los planes de jubilación, etc.

Vuestra organización no puede ser un conjunto de pequeñas facciones en una economía planificada. Debe estar dirigida por las reglas de la red económica, estar gestionada por el mercado, aportar rendimientos crecientes y formar alianzas evanescentes. Como no podéis definir las fronteras de una organización conectada desde el exterior, tampoco deberíais definirlas desde dentro. Por eso la distinción entre «intranet» y «extranet» está un paso más atrás. Es como bloquear cada capilar; tenerlos desconectados es poco saludable.

Las organizaciones adaptables son más organismo que máquina

Antes de construir la red de la organización basándose en el principio de la red económica, exploremos algunas de las diferencias de puntos de vista entre una organización diseñada y una adaptable. Bajo el punto de vista industrial anterior al BLUR, la

fractales, cada una de las cuales está adaptada a las necesidades de energía de los huéspedes a los que sirve. «Cuando se habla de sistemas de transporte de energía, todo es un árbol», afirma Geoffrey West, físico del Laboratorio Nacional de Los Álamos. Curiosamente, Brandenburger ha descrito la creciente infraestructura de conexión como los «sistemas circulatorios de una forma de vida artificial».

economía es una máquina. Las distintas partes se diseñan, construyen y ensamblan para formar un todo que funciona perfectamente y que, una vez construido, se pone en marcha para generar un producto de valor para las masas y con un tiempo de duración ilimitado. En una organización tipo máquna, afinamos, reestructuramos y redimensionamos el lugar como si fuera un dispositivo mecánico. Cuando conseguimos el diseño perfecto, lo congelamos y lo dejamos tal cual durante el mayor tiempo posible.

El deseo de encontrar la comodidad en estas rutinas es inherente a la lógica de la máquina empresarial en sí, no sólo una estructura organizativa. La curva de experiencia, por ejemplo, una consecuencia de la segunda guerra mundial que surgió debido a los datos recopilados sobre la construcción de aviones, asume que la tarea productiva seguirá *siendo la misma* mientras se acumule la experiencia. Si la tarea no permanece igual, hay que lanzar una nueva curva de experiencia. Ese tipo de pensamiento significa que todas las estrategias destinadas a ganar cuota de mercado se basan en una especie de juego de suma cero:

1. El mercado y las diferencias entre los productos permanecen estables.
2. La industria comprende una serie de empresas (o máquinas) para cumplir una demanda que no cambia su naturaleza.
3. El enfoque total del producto no cambia.

Alguien que cuestiona la aplicabilidad de esta teoría es Michael Rothschild,[3] el primero que articuló con todo detalle la economía en términos de biología. La ironía es que Rothschild se formó en el Boston Consulting Group, que convirtió a la curva de la experiencia en la base del pensamiento estratégico para dos generaciones de estrategas. Señaló que si el objetivo de la economía es el crecimiento, es que existe un fallo importante en el modelo estático: ¿alguien ha visto crecer a una máquina? Puso el dedo en la llaga.

En un mundo confuso, los deseos evolucionan a una velocidad que no permite completar, ni amortizar, el ciclo plan-producto-beneficio. Para cuando el producto genera beneficios, ya ha sido sustituido por otro. Tal es la velocidad del cambio. Desde luego, el modelo antiguo sigue funcionando, pero el entorno conectado a su alrededor ha cambiado, volviéndolo obsoleto. De ahí que Intel ten-

3. Michael Rothschild, en su excelente libro de 1995 *Bionomics: The Inevitability of Capitalism* (Nueva York, Henry Holt & Company), desarrolló la metáfora de la economía como ecosistema con todo lujo de detalles.

ga tres equipos de productos que trabajan en paralelo para garantizar que habrá un microprocesador equivalente a la tarea de cargar el código del Windows 9x. La curva de experiencia lleva a la organización a la eficacia tan sólo en un oligopolio estable. Pero en el mundo del BLUR, la eficacia no rige la economía de la empresa.

Si construimos nuestra empresa como una máquina que realice sólo una labor, todo se invierte en un proceso finamente armonizado, y todo lo demás se olvida. Si descubrimos que la decisión es errónea, es difícil dar marcha atrás, incluso aunque seamos el consejero delegado. Sólo se nos ocurre un caso en que el jefe supremo cambió públicamente de opinión, y por supuesto también lo hizo el curso de su empresa. Éste es, por supuesto, el caso de Bill Gates cuando reconvirtió a Microsoft, de ser una empresa centrada en dominar el ordenador de mesa, a otra que aceptaba que Internet era la siguiente gran ola tecnológica. En el llamado discurso de Pearl Harbour del 7 de diciembre de 1995, Gates planteó la nueva pregunta, la respondió y guió a su empresa para conseguir el nuevo objetivo. Pocas veces es el cambio tan definitivo, el método de producción tan intangible o el liderazgo tan incisivo y decisivo. ¿Y qué pasa con el resto del mundo?

El nuevo tipo de economía exige que construyamos estructuras organizativas diseñadas para la adaptabilidad, no la eficacia. Por eso el ideal de «poca fabricación», popular hace cinco años, está cediendo paso a la «fabricación ágil». Estamos cambiando a modelos de sistemas crecientes y conectados de los que podemos extraer lecciones de aprendizaje.

Durante una década o más, los hombres de negocios que buscaban formas de adaptarse a los nuevos tiempos han estudiado biología. Aunque la sugerencia de que los seres humanos pueden aprender algo estudiando un hormiguero produce hilaridad, la biosfera se ha adaptado con éxito al cambio durante 4.000 millones de años aproximadamente. Tal vez podamos aprender y aplicar lecciones de los cambios estratégicos de la naturaleza. Kevin Kelley sugiere: «Cuando dudes, sigue lo natural».[4] Esto significa que hay que pensar en la empresa como en un organismo, algo que detecta el entorno, se adapta a él, e incluso en ocasiones lo cambia.[5] De forma similar, pensemos en el entorno empresarial como en un mecanismo de selección, que determina fríamente qué organismo encaja.

4. Kevin Kelly, «New Rules for the New Economy: Twelve Dependable Principles for Thriving in a Turbulent World», *Wired* (septiembre de 1997), págs. 140-197.

5. Stephen Haeckel explora lo que él denomina el modelo de detección y reacción para las organizaciones en «Adaptive Enterprise Design: The Sense-and-Respond Model», *Planning Review* (mayo-junio de 1995).

Los organismos más aptos provienen de la educación, y combinan ideas ya existentes con otras nuevas.

Ahora, veamos adónde nos lleva todo esto. Cuidado: emplearemos un poco de ciencia para ayudarnos a ilustrar estos principios, pero el propósito de cada sección muestra cómo se pueden aplicar los sistemas adaptativos de la naturaleza para gestionar y organizar una empresa.

Perseguir la variedad

Hoy en día, casi todo el maíz que crece en Estados Unidos es gestionado por el Ministerio de Agricultura. Sólo hay unas pocas docenas de variedades, y se siembran y eligen por sus propiedades de volumen de producción, resistencia a la enfermedad y requisitos de sol, tierra y agua. ¿Qué ocurriría si cambiara el entorno? Una nueva enfermedad, un cambio de clima o mayores dosis de radiaciones ultravioleta podrían causar grandes destrozos en esta carga genética severamente limitada. Así que el Ministerio almacena cientos de otros tipos de maíz, por si se produce una transformación climática o agrícola.

La compañía John Deere, cuyos productos poseen una afinidad con los caprichos de la naturaleza, ha reconocido el valor de este enfoque en su organización. Deere tenía problemas con sus esquemas de producción por la diversidad de máquinas que producía, en total 1,5 millones de modelos potenciales. La fábrica utilizaba un enfoque de programación aceptado y muy complejo; pero esos planes producían un nivel de calidad total que resultaba inaceptable (¿recordáis los planificadores soviéticos?). Así que Deere confió en Bill Fulkerson, un ingeniero con una extraña obsesión: algo llamado la teoría de los sistemas adaptativos.[6]

Fulkerson salió de su empresa para consultar con otros entusiastas de los sistemas adaptables, usando Internet para comunicarse. Después encontró una solución para los problemas de producción de Deere basándose en uno de los enfoques adaptativos clave de la naturaleza, la recombinación sexual, mediante el software que imita el funcionamiento de los genes. Hoy en día, el ordenador de Deere produce 40.000 programas cada noche y selecciona los mejores usando este algoritmo genético. Como ocurre en la na-

6. Esta experiencia se presentó en un congreso de Ernst & Young titulado «Abrazando la complejidad» y está resumido en las actas con ese nombre (Centro Ernst & Young para la Innovación Empresarial, 1997).

turaleza, el mejor de los 40.000 no es probablemente el mejor posible, de la misma manera que un ser humano elegido por la naturaleza no es el mejor posible. El programa no es óptimo, pero es mejor que cualquier optimización conocida que pueda crear un enfoque. En términos biológicos, el programa es como una especie, que se adapta al entorno de la fábrica.

Si Deere no se hubiera mostrado tolerante ante un amplio «capital común de genes» en sus ingenieros, o dispuesto a adoptar un enfoque abierto del mundo exterior (algo de lo que hablaremos en la próxima sección), la solución innovadora de Fulkerson tal vez no se hubiese descubierto nunca. La lección de esa experiencia es que una de las maneras más constructivas de crear adaptabilidad dentro de una organización es aumentar la variedad en su interior, y luego asegurarse de que los distintos conocimientos y enfoques se mezclan para generar nuevas ideas.

El Instituto de Santa Fe (SFI) es otro ejemplo de un grupo que elige intencionadamente alentar la «variedad ineficaz» para garantizar la innovación. Fundada explícitamente para explorar los posibles descubrimientos reuniendo a un grupo multidisciplinar de investigadores, el SFI tiene tan sólo tres miembros docentes fijos. (Un trío triunfador: el premio Nobel de Física de CalTech, Murray Gell-Mann, el economista de rendimientos crecientes de Stanford, Brian Arthur, y el biólogo teórico MacArthur Stuart Kauffman, de la Universidad de Pennsylvania). Todos los demás están de residentes o contratados por un corto espacio de tiempo. El Instituto lleva a cabo su labor para reunir diariamente a personas de distintas disciplinas. El té vespertino, por ejemplo, forma parte de la rutina diaria, y no existen temas tabú. Los que han estado allí han experimentado una rapidez de aprendizaje y una alteración de la perspectiva que consideran imposible en la organización académica tradicional, donde las fronteras disciplinares permanecen distantes, como las fronteras funcionales de las organizaciones empresariales.

La velocidad del cambio en tantos frentes: ciencia, fabricación, naturaleza de la demanda, importancia de otras culturas, etc., es ahora tan grande que las organizaciones cerradas y uniformes ni siquiera pueden aspirar a ponerse al día. Un par de docenas de variedades de ideas no constituyen suficiente diversidad. Para que las organizaciones sean más adaptables, menos partidistas y más creativas, hay que atraer a nuevos tipos de personas, o formar equipos que no parecen ser los más eficaces, y no lo serán.

¿Vuestra compañía está aumentando su variedad, y aceptándola?

TENER FRONTERAS PERMEABLES

¿Habéis intentado alguna vez recibir correo electrónico de un cliente agradecido? La mayoría de las empresas protegen sus sistemas de comunicación con un «cortafuegos», un sistema de seguridad diseñado para alejar a los espías y mantener los secretos a salvo. Sin embargo, como ocurre a menudo con las buenas intenciones, estos dispositivos pueden producir resultados no deseados. Su principal fallo radica en que no saben discriminar. Es muy probable que descarten información útil y que impidan a los de dentro reforzar las relaciones más útiles. Hay que recordar que el problema de programación de Deere fue resuelto por su ingeniero Bill Fulkerson, con ayuda de sus amigos por Internet; un ejemplo de las ventajas de cruzar los límites entre empresas. ¿Vuestra compañía haría esto? Realizad este test rápido, y sed sinceros: ¿cuál es vuestra actitud acerca de compartir información con los proveedores? ¿Con los clientes? ¿Con la competencia? No parece una buena idea, ¿verdad? ¿Y qué opináis de las personas que abandonan la empresa? ¿Creáis un club de ex empleados o les hacéis el vacío?

La mayoría de las empresas tienen costumbres y estructuras que les mantienen a una distancia prudencial del resto del mundo. Así es como está construida la economía de máquinas, tanto legal como filosóficamente. Pero aunque cada organización sea una red económica en sí, también es en última instancia una parte integral e íntimamente conectada de la más amplia red global. ¿Dónde empieza y termina la compañía? ¿Qué significa la frontera?

La organización adaptativa se beneficia cuando la membrana que la rodea es permeable, al igual que la célula viva. Esta frontera porosa de la célula está pensada para que entre el oxígeno, los azúcares y otras sustancias que necesita la célula para llevar a cabo su tarea concreta a la vez que excluye otras. Una célula de un músculo recibe ocasionalmente adrenalina, por ejemplo. Aparecen señales similares en el mundo empresarial en forma de cambios en la demanda o innovaciones en la tecnología. La frontera de una célula o de una organización debe ser lo suficientemente porosa como para dejar pasar la información que necesita. De lo contrario, la célula (persona) será incapaz de actuar como exige la entidad mayor, y el cuerpo se resentirá.

Los bancos de inversión, que son famosos por su rápidos cambios, proporcionan un buen ejemplo de las fronteras permeables necesarias para hacer crecer una red informativa. Para reaccionar a las nuevas oportunidades del mercado, estas instituciones deben modificar a menudo sus equipos, añadiendo personas o afiliaciones con expertos del exterior. Sin embargo, al mismo tiempo, los bancos tienen que poder modificar sus relaciones internas. Las fronteras porosas, tanto hacia el exterior como hacia dentro, les otorgan la flexibilidad necesaria. Además, la mayor parte de los individuos pertenecen a múltiples grupos internos, facilitando el desplazamiento de las personas.[7]

¿Por qué íbamos a estar deseando compartir detalles de cómo dirigimos nuestro negocio con otras empresas? Podemos encontrar la respuesta en Silicon Valley, donde los individuos están dispuestos a compartir en todo momento sus puntos de vista. Saben que esparcir el conocimiento aumenta rápidamente el aprendizaje de cada cual, y saben que existen oportunidades suficientes para todos. Reconocen que, al proporcionar información interesante, probablemente atraen a más personas interesantes, las cuales aportan más ideas que las que parasitan. Podemos contrastar esto con algunas culturas empresariales más tradicionales en las que, internamente, los integrantes del departamento de publicidad no quieren hacer partícipes de sus datos a sus compañeros del departamento financiero sin tenerlo todo bien amarrado primero.

Hay que animar a los individuos a comunicarse, no sólo entre ellos, lo cual es obvio, sino con personas de fuera de la empresa. Recompensarles por establecer nuevas relaciones. Enviarles a conocer grupos de personas con los que la organización no había tenido contacto previo. Entonces, la organización empezará a adaptarse por sí misma, sin que nos demos cuenta. Las organizaciones permeables forman fácilmente relaciones externas y las utilizan para aportar conocimiento, talento y oportunidad. Disminuyen las barreras a la circulación de valor y maximizan la conexión.

¿Se alienta a los compañeros y/o empleados a intercambiar información con sus compañeros de fuera de la empresa, a cultivar redes de conocimiento, a buscar soluciones a partir de disciplinas no representadas en la empresa?

La inestabilidad: el filo del caos

De acuerdo, existe un elemento temible en estas recomendaciones. ¿Queremos que la organización navegue, cambie, se expanda y se difumine en otras organizaciones, en la red económica? ¿No ten-

7. Robert Eccles y Dwight Crane, *Doing Deals: Investment Banks at Work*, Boston, Harvard Business School Press, 1988.

drá preocupado a todo el mundo con cambios organizativos, y originará un gran caos? Bueno, sí y no. Los sistemas adaptables existen en un estado conocido como el «filo del caos»,[8] donde son lo suficientemente estables para subsistir, aunque lo suficientemente flexibles para descubrir rápidamente nuevas soluciones cuando surge un nuevo problema.

Stuart Kauffman, autor de *At Home in the Universe*, y un genio a la hora de diseñar simulaciones abstractas que exhiben propiedades humanas, ha creado modelos para comprobar los efectos de estas ideas. Las variables clave de Kauffman eran: la dificultad de la decisión, el grado de interrelación entre decisiones y el tamaño de los grupos de toma de decisiones. Kauffman descubrió que la eficacia en la toma de decisiones, es decir, la velocidad con la cual la organización simulada encuentra una solución lo suficientemente buena, depende ante todo de soportar un cierto caos durante el proceso.

Imaginemos un vecindario donde todo el mundo está de acuerdo en que las casas colindantes no se pinten del mismo color. ¿Cómo puede esa organización decidir de qué color pintar cada casa? Kauffman estableció primero que la organización era la única que podía tomar decisiones, es decir, todos los miembros debían estar de acuerdo. Pero el proceso quedó paralizado, era imposible tomar una decisión. Después dejó que cada individuo decidiera por su cuenta. Sin embargo, como sus decisiones afectaban a los demás, en cuanto un propietario tomaba una decisión, los vecinos tenían que cambiar su elección. Y cuando lo hacían, desencadenaban a su vez más cambios. En ese momento (Kauffman lo llama «el límite italiano de izquierdas»), nadie llega a un acuerdo, y la organización se queda parada, en el caos permanente. Kauffman descubrió que los mejores resultados se producen cuando existen *casi* suficientes individuos independientes con poder de decisión como para desencadenar una agitación permanente, «bastante cerca de la transición al caos».[9]

Así que, ¿cuántos individuos independientes con poder de decisión debe tener una organización? ¿Es suficiente con dividir la organización en departamentos empresariales, una estrategia muy popular desde los años sesenta? Bueno, tal vez para la década de los sesenta. Pero el BLUR, con su cambio acelerado y su conectividad creciente, exige más. En los experimentos de Kauffman, dividir

8. Este término proviene del trabajo de Per Bak; véase Per Bak y Chen Tran, «Self-Organised Criticality», *Scientific American* (enero de 1991), págs. 46-54.

9. Stuart Kauffman, *At Home in the Universe*, Nueva York, Oxford University Press, 1995.

miles de individuos con poder de decisión en grupos de seis aproximadamente obtuvo los resultados más positivos. En una jerarquía tradicional, esto corresponde a una entidad dirigida por una supervisión de primer nivel. La lección de gestión es la siguiente: primero, que la frontera de nuestra empresa sea permeable, y procurar que exista mucha variedad dentro de ella. Después, que segmentos relativamente pequeños de la organización realicen sus propias adaptaciones locales. Entonces el conjunto se ocupará de sí mismo mejor que si lo hiciera cualquier autoridad central. Recordemos las economías planificadas. Cuando se empieza a interferir en el caos del mercado, todo empieza a ir mal. La organización adaptable se halla constantemente al borde del caos, con la suficiente apertura de mente como para encontrar nuevas soluciones, pero no tan voluble como para desintegrarse.

En resumen, la empresa necesita variedad para ser adaptable. Se puede incrementar esa variedad internamente atrayendo gente nueva con ideas posiblemente distintas a las nuestras, y externamente garantizando que el sistema de la empresa permita la introducción de nuevas ideas. Una vez posibilitado el acceso a esa variedad, hay que explotarlo instaurando un proceso rico de toma de decisiones que permita su utilización por parte de muchos pequeños grupos independientes, y que permita que cada decisión individual afecte a los demás en lugar de intentar por todos los medios llegar a un consenso. Ésa es una organización que decidirá rápidamente, que explotará la conectividad y que utilizará el valor intangible de su gente; en resumen, una empresa de nuestro tiempo.

Hay que ser grande y pequeño a la vez

Otra característica de una empresa de nuestro tiempo es que se convierta en grande y pequeña a la vez. La sabiduría tradicional afirma que las empresas grandes tienen más dificultades para adaptarse a los cambios; son lentas, burocráticas e incapaces de cambiar. Las pequeñas empresas son aparentemente rápidas, ágiles y predispuestas al cambio. Pero en las redes económicas, también las pequeñas empresas tienen un problema: los contactos llevan su tiempo, así que si los recursos son limitados, se dedica demasiado tiempo a alimentar la red y no el suficiente a añadir valor a la empresa. En el mundo del BLUR, hay que ser grande y pequeño a la vez. Las empresas deben ser grandes para poder realizar inversiones a gran escala, con el suficiente alcance como para permitir toda la variedad de la que hablamos, a la vez que prestan la suficiente atención colectiva a los cambiantes mercados globales. Y también tienen que ser pequeñas: ágiles, unidas en torno a un propósito, capaces de prestar atención a los detalles de cada relación importante. ¿Cómo se consigue todo esto? Si parece imposible, recordad que las escuelas de negocios preconizaban que los conceptos de producción en masa y la personalización eran opuestos. Después, el BLUR trajo consigo la personalización en masa. ¿Estamos asistiendo al nacimiento de otro oximoro: la burocracia ágil?

¿Cómo se puede cuadrar este círculo? La respuesta es la infraestructura. El software, las redes, los procesos, los bienes de capital, todo ello se puede considerar parte de la infraestructura. Recordad que no es necesario poseer infraestructura para ser grande. Cuando CVS empezó a abrir farmacias por los Estados Unidos, los competidores locales empezaron a cerrar. Consideremos el caso de Bergen Brunswig, un distribuidor de medicamentos y productos de belleza y salud. Aprovechó la oportunidad de proporcionar a sus clientes las mismas ventajas de un gran negocio que CVS proporcionaba a sus mercados: mayor poder adquisitivo, un software muy sofisticado para la entrada de los pedidos y las operaciones farmacéuticas, y una logística integrada entre ellos. Pequeña tienda, gran infraestructura. Esto permitió al farmacéutico de la esquina tener el mismo tipo de economía que las grandes cadenas. Hoy en día, Bergen Brunswig es el segundo distribuidor del país, y el farmacéutico de la esquina sigue existiendo y goza de buena salud, ofreciendo a menudo un precio más elevado por un tipo distinto de servicio.

La conclusión es que si nos empeñamos en poseer nuestros activos, se convierten en pasivos, porque es difícil librarse de ellos cuando alguien encuentra una manera mejor de hacer las cosas. En cierto modo, un negocio que acaba de empezar lo tiene fácil: puede alquilar un espacio en un centro de negocios equipado con apoyos técnicos y administrativos, comprar las mejores prácticas de cualquier parte del mundo embutidas en paquetes de software de empresa, ponerse al día sobre el mercado gracias a consultores especializados, etc. Puede ser grande si se conecta a las capacidades de otros, y al mismo tiempo ser ágil y adaptable porque es pequeño.

¿Pero qué ocurre si nuestra empresa no acaba de nacer? Ya somos grandes, y no estamos seguros de cómo reconvertirnos a pequeños o de si queremos ser pequeños. Debemos determinar dónde pueden nuestros activos ser un negocio en sí mismos, es decir, averiguar qué debe seguir siendo grande y explotarlo, no sólo en nuestro propio negocio, sino también en las redes económicas de los demás.

La historia de Morgan Stanley citada al principio de este capítulo es un buen ejemplo. Creando la infraestructura que permite que los equipos se creen y se disuelvan fácilmente, sus profesionales pueden usar su talento de la mejor forma posible. La fama de la empresa atrae a los talentos, las relaciones continuas con los clientes atraen las oportunidades, y el capital económico proporciona influencia en el mercado. Pero el trabajo es realizado por equipos pequeños, que utilizan estos y otros elementos de la infraestructura, como las redes de telecomunicaciones y bases de datos, para crear un valor añadido.

La consultora Ernst & Young funciona de la misma manera: aunando todos los conocimientos de la empresa en su Centro para el Conocimiento Empresarial y aplicando herramientas que ayuden a los consultores a asesorar a sus clientes, la empresa permite a cada equipo de cuentas adaptarse empresarialmente a las necesidades de su cliente. El equipo es pequeño, la infraestructura es grande, el conjunto es adaptable. Y no se trata únicamente de una estrategia de entrega de servicio; es una estrategia de recursos humanos. Los mejores talentos acuden al lugar que goza del apoyo de una gran infraestructura. Así que una infraestructura «grande», análoga a la capacidad de producción en masa de las empresas industriales, nos ayuda a obtener el recurso primordial necesario para ser «pequeño», es decir, las personas que mejor pueden aprovecharlo, equivalente a la capacidad de personalización. Personalización en masa. Burocracia ágil.

Muy pronto, las empresas de servicios profesionales dejarán de asignar personal a los proyectos. ¿Por qué? Porque éste es un mecanismo de planificación para un proceso que el mercado puede llevar a cabo de forma más eficaz. ¿Por qué no tratar cada necesidad del cliente como un trabajo en el mercado laboral? Dejemos que los que están interesados apuesten por ello. De esa forma, los individuos implicados, y no el director de personal, ya sobrecargado de trabajo, podrán realizar los difíciles intercambios entre coste, cualificación y desarrollo que constituyen el núcleo de la gestión de los servicios profesionales. Digamos que nuestro cliente insiste en que quiere a alguien que ya haya desempeñado esa tarea cientos de veces anteriormente, pero el director quiere hacer algo distinto esta vez para variar. El director de cuentas va a tener que pagar mucho dinero para conseguir que ese individuo realice otra vez los mismos movimientos. A la inversa: digamos que no tenemos los conocimientos suficientes para llevar a buen término un determinado proyecto, pero nos gustaría tenerlos. En ese caso nos convertimos en una ganga a cambio de obtener la oportunidad de aprender. Si nos contratan, conseguiremos una buena formación, sobre el terreno, no en un aula, y la suficiente experiencia como para aumentar nuestro valor en el mercado. Al director de cuentas no le importa la baja productividad del neófito porque el cliente obtiene el aprovechamiento de un profesional altamente motivado a un coste mínimo.

Las compañías de servicios profesionales serán de las primeras en incorporar a su funcionamiento interno las reglas del mercado. Pero como ya hemos sugerido, algunos negocios nuevos ya lo están haciendo. Teltech sirve como agencia de distribución para los conocimientos tecnológicos, poniendo a las empresas con preguntas en contacto con expertos del mundo entero, generalmente catedráticos de universidad, sobre una cuestión concreta. Abuzz, una empresa nueva, está desarrollando Beehive, un software que permitirá a una empresa poner un precio al conocimiento transmitido internamente entre distintos individuos. Las personas se verán finalmente recompensadas equitativamente por ayudar a otras personas de la organización que necesitan los conocimientos que ellos pueden aportar.

Stephen Jay Gould, el eminente paleontólogo de Harvard y prolífico autor, ayuda a completar la imagen. Señala que, mientras tendemos a considerar a los seres humanos como el éxito supremo de la evolución, el mundo pertenece a las bacterias y siempre ha sido así.[10] Las bacterias comprenden la mayor proporción de biomasa, el mayor número de especies distintas y viven en todos los nichos ecológicos desde el suelo marino a lo alto de la montaña. Hay más información en el ADN de las bacterias que habitan nuestro cuerpo que en nuestro propio genoma. Las bacterias sobrevivieron no sólo a los meteoros que diezmaron a los dinosaurios, sino al peor desastre ecológico de la naturaleza: la contaminación por algas de la primera y pura atmósfera de dióxido de carbono y nitrógeno con el tóxico gas oxígeno, que mató a muchas especies anaeróbicas y que facilitó el camino a los mamíferos. En su momento, las bacterias se adaptaron usando las nuevas especies que respiraban oxígeno y que se convirtieron más tarde en huéspedes.

¿Así que las bacterias se han vuelto incluso más ubicuas que el Windows? Desde luego no planifican, y no toman en cuenta a la competencia, no intentan, como hacen los humanos, cambiar el entorno que les rodea. Lo que hacen es crecer muy rápidamente y cambiar a menudo. Pero el crecimiento y la mutación son fuentes de nueva información; ya sea a través de la recombinación o del

10. Stephen Jay Gould, *Full House: The Spread of Excellence from Plato to Darwin*, Nueva York, Random House, 1996.

cambio aleatorio, se obtiene la innovación. Entonces, por supuesto, el entorno «vota» la utilidad de dicha innovación. La mayoría muere, algunos prosperan. La selección determina qué pocas soluciones sobreviven para convertirse en parte de la siguiente ronda de innovaciones. Se parece a la definición de capitalismo del economista austríaco Joseph Schumpeter: «Vientos de destrucción creativa».

Para que una organización, más que una economía, se aproveche de este enfoque bacteriano, tendrá que realizar algunos cambios importantes en su enfoque directivo. La frecuente reorganización de MCI a cargo de Bill McGowan se traduce en una recombinación casi constante. El problema es que ésa es sólo la mitad de la historia. Como las reorganizaciones de MCI eran casi exclusivamente internas, no poseían las ventajas de una selección completamente implacable que suprime todas las relaciones, estructuras, ideas y gente improductiva. Y, todavía más importante, no importaban demasiada nueva información del entorno económico. Ello exige una transformación constante *a lo largo* de la frontera empresarial y en el mercado de ofertas, conocimientos, y personas. Para ser coherentes con el fenómeno del BLUR, cambiar esos intangibles es la clave para la velocidad de adaptación.

TRANSFORMAR VUESTRA OFERTA, VUESTROS CONOCIMIENTOS Y A VUESTROS EMPLEADOS

Capital One Financial extiende sus créditos a los consumidores para coches, casas, barcos y ocio. La empresa comenzó como filial para tarjetas de crédito del Signet Bank, pero creció tan rápidamente y fue tan rentable que se desgajó para formar otra empresa. En 1994 salió a Bolsa en 1.070 millones de dólares, y en 1997 tenía una capitalización de mercado de 3.000 millones.

Las tarjetas de crédito no son ningún hallazgo de mercado, pero Capital One está ganando dinero descubriendo pequeños nichos en el mercado del crédito con más frecuencia y más rápidamente que sus competidores: préstamos para coches de más de dos años en un mercado con tipos de interés cada vez más bajos, por ejemplo, o segundas hipotecas para casas de playa en zonas cálidas, etc.[11] La pregunta adecuada no es cómo lo ha conseguido Capital One, sino cómo consigue hacerlo mejor que Citibank, Chase Manhattan y todos los demás competidores de ese sector.

11. Los datos concretos de mercado y de ofertas han sido disfrazados.

El secreto es el cambio. Capital One otorga a sus empleados la capacidad de crear ofertas a través de recombinaciones y mutaciones, de ponerlas en el mercado y de ver qué ocurre. En 1996, realizaron 14.000 ofertas, de las cuales sólo 3.500 se consideran un éxito. Pero en este mundo intangible de los servicios financieros, el coste de los 10.500 fracasos era relativamente pequeño comparado con los grandes triunfos, y el número de éxitos fue mayor que si hubieran diseñado los productos, los hubieran probado en laboratorio y luego hubieran ofrecido sus ideas al mercado para una comprobación real. Además, cada fracaso tenía un valor intangible: una experiencia de aprendizaje sobre el funcionamiento del mercado. En términos biológicos, cada uno de ellos era una oportunidad para eliminar información poco saludable del genoma. Capital One presenta ofertas al mercado para que éste se encargue de seleccionar las mejores y por tanto de mejorar la raza.

Según George Overholser, vicepresidente de New Business Development, uno de los mantras de Capital One es «sembrar, seleccionar y desarrollar». Así es como se reproducen muchas de las llamadas especies primitivas. En lugar de invertir todos los recursos necesarios en un pequeño número de especies como los mamíferos, plantan semillas «baratas» como champiñones, o cualquier cosa con esporas. El viento, los pájaros y vuestras zapatillas Nike esparcirán esas esporas a distintos entornos. La mayor parte morirá. Pero algunos aterrizarán en alguna esquina recién cambiada del entorno y allí florecerá. Hay que seleccionar esos ganadores y extenderlos plantándolos por todas partes. Esperar y ver qué ocurre. Replantar la nueva raza donde prospere. Repetir hasta el infinito.

Capital One no piensa en términos de maximizar su cuota de mercado, sino en maximizar su cuota de experiencia. Si puede aprender más del mercado más rápidamente que sus competidores, ganará más dinero con ese negocio que ellos. Cada oferta, ganadora o perdedora, es un vector de ideas entre Capital One y sus socios en el intercambio. Eliminar la mayor parte de las ofertas en el laboratorio en lugar de en el mecado reduce la posibilidad de aprender. Hay que tener en cuenta que los medios gracias a los que aprende nuestra organización constituyen un aspecto de la oferta.

Las ofertas se pueden considerar canales de comunicación dentro de la red económica entre la red de la empresa y la red más amplia del mercado. Éste es otro aspecto de «dejemos que el mercado gestione nuestra oferta», discutido en el capítulo 4. La conclusión es que si nuestra línea de ofertas es estática, el negocio tal vez no se esté adaptando a los cambios del mercado. Las ofertas de la empresa deben ser de vida más corta que nunca, y renovarse cada vez más a menudo.

¿Cuál es la duración media de nuestras ofertas? ¿Cuántas veces han cambiado en los últimos cinco años? ¿Estamos considerando los encuentros entre nuestras ofertas y el mercado como una oportunidad para obtener conocimiento?

Parte del cambio de mentalidad es asegurarse de que todos los días entra información valiosa en nuestra empresa. La reserva de conocimiento debe aumentar y cambiar continuamente si la empresa quiere adaptarse al mercado. Dos ejemplos son Ford Motor y Asea Brown Boveri (ABB). Ambas empresas aceleran los cambios con respecto a las mejores prácticas. En ABB, una de las obligaciones del equipo de las oficinas centrales, que son extremadamente pequeñas, es ayudar a esparcir el conocimiento entre las mil empresas del conglomerado suizo-sueco. El responsable individual de marketing, por ejemplo, selecciona y desarrolla cambiando de puesto a las unidades operativas y buscando prácticas (semillas) transferibles, para trasladarlas posteriormente a otros departamentos.

Ford confía más en la autoorganización. Cada director de fabricación tiene una «tarea» anual, en concreto mejorar la productividad en un 5 %. El incentivo, si podemos llamarlo así, es que el presupuesto se reducirá un 5 % cada año para la misma producción. Corresponde al director encontrar ese 5 %. Para contribuir a ello, Ford construyó una infraestructura para acelerar la transferencia de innovaciones y de las mejores prácticas, en forma de una base de datos de Internet llamada el Sistema de Replicación de las Mejores Prácticas. Cada vez que se produce una mejora, el responsable de planta de esa innovación debe documentarla en la base de datos. Esta transferencia de información puede adoptar la forma de palabras, dibujos, bites de sonido o vídeo, y generalmente no sólo incluye la información de contacto para el director que lo creó, sino también para cualquier vendedor implicado en el desarrollo de herramientas, software, materiales, etc. ¡Uauhh! ¡Mirad toda esa conectividad! Cada planta del extremo receptor es responsable de analizar cada artículo de la base de datos y de determinar su aplicación a sus propias operaciones.

En Ford y ABB, la velocidad a la que se difunde y aplica el conocimiento es cada vez más alta. Esto ocasiona que una gran compañía se comporte más como una pequeña compañía porque la diferencia de tiempo entre cuando el primer individuo aprende algo y el último con necesidad de aprender es informado se reduce considerablemente.

¿Se puede incrementar la velocidad de difusión en vuestra empresa? ¿Qué conocimiento es importante difundir? ¿Habéis creado los contactos necesarios?

Ningún cambio de ofertas o de conocimientos es un punto de partida organizativo demasiado radical. Constituye una respuesta a la necesidad de velocidad y variedad, y utilizan el principio de la permeabilidad. Intangible y conectado, el conocimiento cambia muy fácilmente. Transformar a las personas es, al contrario, bastante difícil.

Los estudiantes de lo que los consultores gustan de llamar «cambios a gran escala» parecen llegar siempre a la misma conclusión: no se pueden realizar cambios importantes en una gran empresa sin cambiar a la alta dirección. Los éxitos recientes incluyen a Lou Gerstner de IBM y Michael Eisner de Disney. Pero eso es como pegar un tiro a los mamíferos superiores después de que desaparecieran los dinosaurios. ¿No existe una manera menos cruenta?

Consideremos el caso de Branch Rickey, el director general que construyó las dinastías del béisbol en St. Louis, Brooklyn, y Pittsburgh en la década de los cuarenta, cincuenta y sesenta. Además de sus muchas características runionescas (le gustaban los refranes como «la suerte es el residuo del diseño»), se le pueden atribuir algunos principios de gestión muy importantes.[12] El más profundo era poner a un novato en la alineación de salida todos los años. Ello garantiza que entran cada año nuevas habilidades en el equipo, que cada veterano tiene que ganarse su puesto cada año, y que el equipo no puede envejecer de golpe.

¿Esa medida es suficiente? ¿Vuestra organización se somete a un cambio anual del 11 % de la alineación de salida? (no estamos hablando de bateadores, entrenadores o lanzadores). ¿Será suficiente con el 11 %? ¿Cuánta sangre nueva necesitáis en vuestra red? ¿Vuestro negocio es vulnerable al equipo formado por miembros de la Generación X equipados con Internet y que no ven todas las barreras al cambio que vosotros dais por supuestas? ¿Qué se puede aprender de ellos? Si queréis evitar los años necesarios para reconstruir equipos que no transforman continuamente a sus integrantes, más vale asegurarse de que estáis continuamente absor-

12. Uno de estos BLUR prefigurados: reconoció que la velocidad del pie era la única habilidad del béisbol valiosa para el ataque y la defensa.

biendo las nuevas formas de pensamiento. Igual de importante es tomárselo en serio, porque la extinción es para siempre.

Si las personas son la sangre vital para una organización, consideremos lo siguiente: un glóbulo rojo humano vive diez semanas. Ello equivale a un cambio del 10 % todas las semanas en nuestra propia sangre.

> *¿Cuánto tiempo se queda de promedio una persona en vuestra organización? ¿Ese número está disminuyendo? ¿Se pueden utilizar conexiones al mundo exterior para crear cambios virtuales y disminuir el núcleo estable? ¿Os preocupa que la gente no quiera trabajar para una organización que cree en los cambios, ya sean internos (tipo MCI) o externos? Recordad, el Instituto de Santa Fe sufre transformaciones continuas y, sin embargo, está considerado entre los académicos como uno de los mejores cinco laboratorios, y eso que los académicos viven por lo general en un entorno sin demasiadas transformaciones.*

Una de las herramientas clave para crear una organización adaptable es el cambio de producto, de conocimiento, de personas. Que ninguno de ellos se quede estancado. En lugar de ello, hay que promover la caducidad, medir los promedios de duración, inducir a la recombinación. ¿Mantenéis vivas todas estas estrategias?

¿Estamos seguros de todo esto: de difuminar las fronteras organizativas, transformar a las personas y dirigir la empresa conforme a las reglas del mercado? Desde luego que sí, y nuestras convicciones se ven reforzadas por el fenómeno de Silicon Valley. El cliché afirma que en dicho lugar se cambia de trabajo más a menudo que de aparcamiento. La realidad es que el talento es móvil, las empresas se forman alrededor de proyectos, la duración en el empleo es corta y la adaptabilidad y el valor económico añadido es alto. No es una cuestión de Netscape o de Marimba o de The Idea Lab como empresas, sino de Silicon Valley. Las empresas pueden permitirse el lujo de ser pequeñas porque comparten las infraestructuras. El fondo de capital de riesgo de Java en Sun no existiría probablemente si la empresa, junto con Kleiner, Perkins, Caufield & Byers y otras más, no hubieran formado parte de una entidad económica altamente conectada, es decir, Silicon Valley, y del fenómeno similar del Flatiron District de Nueva York, el Silicon Gulch de Austin, Texas, y otros futuros proyectos. Éste es un fenómeno que Kevin Kelly denominó «mentalidad de colmena».[13] Así que, ¿dónde termina la empresa y dónde empieza la red? Se confunden.

13. Kevin Kelly, *Out of Control: The New Biology of Machines, Social Systems, and the Economic World*, Reading, Mass., Addison-Wesley, 1995.

Para terminar este capítulo, recordemos cómo lo iniciamos: la organización es parte de la economía. La economía es fractal, es decir, que las mismas estructuras y principios operan a todos los niveles. El capítulo 4 describía las estructuras a nivel de economía que rigen la estrategia del BLUR. Este capítulo aplicaba la misma idea a un nivel mayor, examinando las consecuencias para la empresa. Cuando el mercado rija la empresa, se hará evidente que la diferencia entre una organización y el resto de la red económica apenas existe, y que todos los que trabajan en el mercado forman parte de este fenómeno. Éste es el momento de volver a aplicar la lente de aumento, y comprobar cómo cambia el individuo. Éste es el tema del siguiente capítulo.

¿Qué se decide por el procedimiento de «ordeno y mando» en vuestra empresa? ¿Podrían hacerlo mejor las fuerzas de mercado? ¿Calculáis la diferencia entre los cambios del mercado y vuestras reacciones? ¿Se transforman personas y conocimientos? ¿Os gusta la variedad? ¿Qué barreras se erigen para dificultar la permeabilidad? ¿Qué os hace grandes? ¿Pequeños? ¿Cuáles son las barreras para convertiros en una «ágil burocracia», tanto para vosotros como para otros sin vuestros activos? ¿Cómo podrían mejorar vuestros activos usados por otros?

RECURSOS

Los economistas han hablado durante mucho tiempo de tierra, trabajo y capital como los factores de producción de una economía. Aunque la tierra está perdiendo parte de su importancia, tampoco ha cambiado mucho. El trabajo y el capital, por el contrario, se están transformando hasta hacerse irreconocibles. Ya no se piensa en el trabajo como en horas de labor mecánica y rutinaria, sino en el talento, no tanto para contratarlo, sino para aplicarlo a las necesidades del momento. Por tanto, nuestra discusión sobre las personas se centra en la naturaleza de los intercambios en los que este talento será el recurso más valorado. Mientras tanto, el capital está cambiando de un activo que se debe acumular a una situación que hay que afinar, cambiar o descartar.

CUARTA PARTE

EL BLUR DE LOS RECURSOS

6

LOS INDIVIDUOS

GESTIONANDO EL PRECIO DE NUESTRA MERCANCÍA, NUESTRO FUTURO PROFESIONAL ESTÁ ASEGURADO

Los individuos conectados y sus conocimientos, y no la empresa, se están convirtiendo en la unidad organizativa clave. El mercado está desarrollando formas de captarlos, medirlos, comerciar con ellos y retribuirlos en consecuencia.

El negocio del béisbol, y todos los deportes profesionales, cambió para siempre en 1969 cuando Curtis Flood, un centrocampista estrella, se negó a acudir a su trabajo. Trasladado de St. Louis a Filadelfia, apeló a los tribunales contra la cláusula de reserva de su contrato que otorgaba a los Cardinals la facultad de enviarle a donde quisieran. Flood no ganó el juicio (lo llevó hasta el Tribunal Supremo) pero tampoco acabó en Filadelfia. Unos años más tarde, otros dos jugadores iniciaron la misma batalla legal y, esta vez, la clásula de reserva fue rescindida por arbitraje. Desde entonces, los jugadores y los trabajadores en general han actuado por libre.

La estrella del rock David Bowie sorprendió a la industria del espectáculo, y a los inversores, cuando anunció que lanzaría una emisión de bonos personales. La propiedad de los bonos permite a los inversores poseer una porción de los futuros ingresos de Bowie en dos áreas clave: los derechos de autor sobre el material previamente grabado y los ingresos de futuros conciertos en directo. Toda la emisión se agotó en menos de una hora, por una cantidad superior a los 50 millones de dólares.[1]

Durante la década de los ochenta, se decía que era más barato encontrar petróleo en Wall Street que en los campos de petróleo. Hoy en día, las empresas parecen pensar que las absorciones son la manera

1. La emisión de 55 millones de dólares en letras a diez años fue enteramente comprada por Prudential Insurance Company of America. Las letras, que son consideradas single-A-3 por el Moody's Investors Service, tienen un interés del 7,9 %.

más barata de encontrar empleados. Cisco, por ejemplo, utiliza las adquisiciones para comprar equipos de producción porque lleva demasiado tiempo reunirlos de la nada.

¿Qué ocurre cuando la conectividad, la velocidad y los intangibles convergen en nosotros mismos? ¿Cuando nuestra capacidad para conectarnos significa que podemos trabajar para una empresa a tres mil kilómetros, o para cinco empresas, o para cien? ¿Cuando nuestro talento, nuestro valor intangible, es tan visible que se puede fijar un precio en el mercado abierto, e incluso convertirlo en un título como en el caso de David Bowie? Por otro lado, y mucho más preocupante: ¿qué ocurrirá con los recién licenciados de dentro de cinco años, cuando el 85 % de sus conocimientos aprendidos en la universidad se hayan vuelto obsoletos? Hay que prepararse para todo esto, porque es un mundo totalmente distinto. Ahí es donde el BLUR empieza a llegar a casa.

Ya sabemos que la vida en el BLUR va a ser muy distinta para la economía mundial. Y que va a presentar desafíos nunca antes vistos para los negocios y las empresas. También nos va a hacer la vida muy distinta. A un nivel profundamente individual, habrá que aceptar algunas paradojas realmente complejas, adoptar algunas perspectivas radicalmente nuevas y cambiar algunos comportamientos casi reflejos.

Al menos cinco cosas están cambiando y todas son igualmente importantes:

1. Empecemos por la diferencia entre nosotros como entidad independiente y nosotros como miembros de la sociedad. Durante siglos, políticos y filósofos han debatido sobre el grado hasta el que las personas abandonan, o deben abandonar, libertades personales a cambio de beneficios para la comunidad. Han debatido sobre qué extremo del espectro es más «natural». Han discutido sobre qué hay que defender en primer lugar. La batalla ideológica se extendió a los negocios hace ya tiempo y sigue vigente hoy en día (Microsoft como el ideal de libertad contra Microsoft como el Imperio del Mal), pero echemos un vistazo a lo que ha ocurrido en el mundo real. Paradójicamente, las personas son más independientes y atomizadas que nunca debido al hecho de estar tan íntimamente conectadas. *La conectividad permite tener más independencia al mismo tiempo que la independencia nos motiva para conectarnos todavía más.*

2. Otro gran BLUR se refiere a nuestra nueva relación con el mercado. Lo más valioso que posee cada individuo son sus conocimientos, lo que incluye todos sus contactos y otros activos intangibles que se han adquirido a lo largo de la carrera profesional. Ello también es valioso para otras personas, y se puede vender. De hecho, se puede vender varias veces, o en mil direcciones a la vez. Después de todas esas ventas, el individuo seguirá siendo su legítimo propietario, pero ese conocimiento ya no será tan escaso o, tal vez, tan valioso como antes. Así que ¿cómo nos comportamos a la hora del almuerzo con un colega? ¿Hay que proporcionarle un conocimiento único para que nuestra relación con él sea más valiosa y poder obtener más información más tarde? ¿O mantener la boca cerrada y evitar disminuir el valor de nuestros conocimientos? El imperativo de la conectividad nos dirige hacia la revelación para reforzar la relación, pero el valor de los intangibles sugiere una cuidadosa consideración del valor de nuestros conocimientos, de lo únicos que son, y de la posibilidad de que posean mucho más valor para otra persona. *De cualquiera de las maneras, aquí está la prueba de que los conocimientos acumulados se pueden compartir de manera ventajosa. Pero hay que manejar este activo intangible con pericia.*
3. Otro BLUR importante es la línea de separación cada vez más difusa entre nosotros como trabajadores y nosotros como capitalistas. Durante años, la mayoría de las empresas han asegurado a sus empleados que deben comportarse como empresarios. Algunas empresas lo decían incluso en serio, y ayudaban a sus empleados a conseguir este objetivo. Algunas incluso cambiaban su asignación de recursos para imitar el funcionamiento de un mercado libre. El sueldo variable basado en el rendimiento, que en su día estuvo reservado a los agentes de ventas, que trabajaban a comisión, está ahora vigente en todo tipo de organizaciones. Pero este sueldo variable tiene su trampa, porque está a menudo vinculado a los resultados globales de la empresa. Una vez más, la independencia se confunde con la interdependencia. Mientras tanto, la empresa actual está compuesta cada vez con más frecuencia por *freelance*, consultores, contratistas y trabajadores temporales, individuos que pocas veces olvidan que tienen que atender también a sus propios negocios. Si todo el mundo va a convertirse en una «empresa de uno», ¿está el trabajador no capitalista francamente obsoleto? En vuestro caso, sí. *Aceptad el reto de vuestra empresa de ser empresarios, tanto si el jefe os lo*

pone fácil como si no, pero insistid en ser un capitalista de verdad, no sólo en la vertiente psicológica.

4. El primero de los dos BLUR que quedan ya nos resulta conocido, pero cada vez marcará más vuestra relación con cualquier empresa con la que tratéis: el acercamiento entre vida laboral y vida familiar. Antes se demarcaban estas dos áreas vitales de manera muy rígida, no sólo con el reparto del tiempo, sino incluso con el tipo de conversación. A menudo, un ejecutivo ponía su «cara de trabajo» al entrar por la puerta de la oficina. El tiempo invertido en volver a casa tras la larga jornada laboral servía de cámara de descompresión. Hoy en día, por supuesto, el trabajo se viene a casa con nosotros. Los directivos consultan su buzón de voz mientras se termina de cocer la pasta y envían correo electrónico mientras los niños echan la siesta. Ni siquiera Sybil podría cambiar de personalidad tan deprisa. *Para bien o para mal, en el mundo moderno, la vida laboral y la vida familiar se entremezclan.*
5. Aquí señalamos una característica final de este nuevo fenómeno, ya que afecta a nuestra vida laboral. Hace no demasiado tiempo, una empresa de Wall Street lanzó la campaña de marketing más elaborada y pensada de todos los tiempos, dirigiéndola a cincuenta hombres y mujeres a quienes se deseaba conocer. La empresa envió *mailings* personalizados basados en los registros de bases de datos de las preferencias personales de cada individuo, y consiguió cenar con todos ellos durante un verano repleto de acontecimientos atractivos. ¿Todo ello condujo a algún lucrativo trabajo M & A o IPO? Ése no era el propósito. El propósito era reclutar amigos. *Lo importante es que no sólo somos clientes para una oferta de una empresa por el lado de los recursos, también somos clientes por el lado de los deseos.*

TODO EL MUNDO PUEDE TRABAJAR POR LIBRE

Siempre se dice que el trabajo no es como antes. Pensemos en el hombre de empresa tradicional, un tipo parecido al que se parodiaba en «Cómo triunfar en los negocios sin intentarlo realmente». Ésa era una vida en la que entrabas en una empresa a los veinte años con la ambición de ir subiendo dentro del escalafón. En algún momento podías cansarte y pasarte a la competencia, pero era una decisión muy drástica y poco habitual; de hecho, te consideraban un traidor, por decirlo de forma suave. Era mucho mejor mantenerse sólida y lealmente a bordo, e ir obteniendo poco a poco todos los privilegios de la veteranía. No era en absoluto extraño que un hombre (por supuesto, un hombre de aquella época) realizara todo el trabajo de su vida para un único jefe, siempre el mismo. Tal vez a vuestros abuelos les sucedió algo muy parecido.

Vuestro padre ya se vería probablemente más dispuesto a cambiar de trabajo, pero todavía era un mundo estable comparado con el actual. Probablemente sus empleos duraban más de una década cada uno, tal vez trabajara para tres empresas a lo largo de cuarenta años. Ahora pensad en qué momento laboral os encontráis, y cuántas veces habéis cambiado de trabajo. Si estáis dentro del promedio, habréis cambiado de jefe cada cinco años. Mientras tanto, el número de años que realmente trabajamos aumenta junto con el promedio de esperanza de vida. Muchos de nosotros seguiremos trabajando a los setenta años. Eso significa que tal vez trabajemos para diez jefes. ¿En qué momento os dais cuenta de que habéis derivado hacia el autoempleo?

Los individuos tampoco se «pasan a la competencia». Simplemente cambian de trabajo. Esto significa que organizan su vida laboral con una estrategia definida. Lejos de ser un acto desesperado como último recurso, el trabajador toma una decisión bien informada para avanzar en su carrera profesional. En lugar de quedar a merced del sistema jerárquico de una empresa concreta, su política y sus diferencias de sueldo, hoy en día tenemos que gestionarnos a nosotros mismos como si fuéramos una empresa. Nos estamos convirtiendo en un trabajador por cuenta propia.

Convertirse en trabajador por cuenta propia

Como término, «trabajador por cuenta propia» surgió en el mundo de los deportes cuando Curtis Flood batalló para tener poder de decisión sobre su destino. Al igual que otros jugadores, él estaba, de hecho, atado a un equipo concreto. Sus traslados eran una decisión tomada por otra persona, y no tenía posibilidad de elegir a qué equipo pertenecería, de la misma forma que no se puede elegir el uniforme del equipo. Observemos la coincidencia en el vestir con el hombre de empresa.

Cuando surgió el agente por libre, trastocó completamente el mundo de los deportes. La ecuación de poder que solía caracterizar la relación de un jugador con su equipo cambió por completo. A los jugadores excepcionales se les denomina incluso a veces «la franquicia», eliminando cualquier duda sobre quién detenta realmente el poder. A merced de las exigencias de sus mejores jugadores, los propietarios han accedido a demandas de sueldo cada vez más elevadas, aumentos que originan grandes disparidades entre compañeros de equipo.

Curtis Flood no fue el primero. Se produjo el mismo tipo de revolución en la industria del espectáculo. En Hollywood, los grandes estudios —MGM, Warner Bros., 20th Century Fox, etc.— solían ser autarquías verticalmente integradas. Los actores y actrices tenían afiliaciones contractuales con los estudios que les dejaban muy poco control personal sobre el trabajo que desempeñaban. El poder empezó a cambiar de manos cuando Charles Chaplin, Douglas Fairbanks y Mary Pickford se dieron cuenta de su valor en el mercado y crearon la compañía United Artists. Hoy en día, las estrellas «franquicia» son las que mandan, los estudios son compañías de distribución, y las agencias que representan a los talentos se están convirtiendo en las entidades más poderosas de la industria.

En la actualidad, los grandes negocios se están subiendo al mismo carro. Sus megaestrellas son los consejeros delegados célebres, los especialistas en compras y los campeones de las transformaciones. Los sueldos, gratificaciones y paquetes de compensación otorgados a esas personas y ampliamente difundidos por los medios de comunicación iluminan los ojos de los directivos medios, que también están empezando a pedir sustanciosos pluses de productividad. Las mismas expectativas se aplican igualmente a los aspirantes a su primer puesto de trabajo. Un director de personal que conocemos se muestra sorprendido por el cariz de las cartas que recibe de los nuevos licenciados universitarios: «El 80 % habla de las "necesidades que debe cubrir el empresario" en lugar de "lo que yo puedo ofrecer"», afirma.

Así que, ¿dónde encaja este nuevo tipo de trabajador en el BLUR? La seguridad que estamos buscando, en casa y en el trabajo, reside muy probablemente en nuestra propia base de conocimientos y en cómo la ofrecemos al mercado. Tal vez percibamos incluso que existe una seguridad mayor en el empleo a tiempo parcial que en el empleo a tiempo completo, ya que el tiempo disponible se puede dedicar a inducir el reconocimiento en un mercado más amplio.

Si no nos creéis, al menos creed en las palabras del experto en gestión más famoso del mundo: Scott Adams, creador de las tiras cómicas de Dilbert. El *New York Times* afirma que «el señor Adams cree que, en el futuro, mucha más gente trabajará como él, como parte de un fenómeno que él denomina "diversificación de jefes". El señor Adams continúa explicando: "El mayor riesgo es tener tan sólo un jefe, alguien que nos puede hacer desgraciados y que tiene la capacidad de despedirnos cuando así lo desee. Antes se pensaba que eso era lo más seguro, pero poco a poco la gente se está dando cuenta, a través de la disminución de categoría, de que es lo peor que les puede pasar. Cuantos más clientes y jefes tengamos, más seguros estaremos. La gente va a empezar a gravitar en esa dirección"».[2]

Nosotros como trabajadores por cuenta propia

Si alguna vez habéis cambiado de trabajo para ganar más dinero (y apostamos a que sí), habéis actuado como agentes libres, porque le habéis permitido al mercado de trabajo tasar vuestro valor. La pregunta en este mundo de transformaciones es: ¿con qué frecuencia hay que cambiar de empresa? En los años sesenta, si teníamos más de un trabajo por década, enviábamos una señal de que algo iba mal. En los ochenta, dos. A finales de siglo, ¿quién sabe? La cuestión es que cambiar de trabajo hoy en día no extraña a nadie. Los cambios de empleo indican capacidad de venderse a sí mismo y valía, no incompatibilidad, y depende de nosotros que gestionemos este activo de forma eficaz.

Cualquier buen gestor se ocupa del hoy y del mañana, y eso es también lo que debemos hacer nosotros. Una forma de hacerlo es pretender que somos *freelance* (o, si nos suena mejor, consultores). Pensad en la organización que paga un sueldo mensual como en vuestro mayor cliente en esos momentos. Pero no existe ninguna garantía de que mañana tengamos ese mismo cliente. Esto significa que cada día debe convertirse en parte de un proceso continuo de marketing para los servicios que tenéis que ofrecer. Y debido a la movilidad de los empleos, hay que asegurarse de no colocar todos los huevos en la misma canasta. En otras palabras, incluso si tenéis un trabajo fantástico, hay que asegurarse de tener otro posible en la retaguardia. Sería incluso mejor dedicar algo de tiempo a promocionar vuestro valor en el mercado. La adaptabilidad también es importante para el individuo.

El aspecto más problemático de ser un agente libre es que se convierte en responsabilidad nuestra saber hacia dónde se dirige el mercado que compra nuestros valores. Y si ese mercado está a punto de extinguirse, nos corresponde a nosotros adquirir nuevos conocimientos. Ahí reside el meollo de la cuestión, por supuesto. Pa-

2. Adam Bryant, «Managing Dilbert Inc.», sección de negocios del *New York Times*, 7 de septiembre de 1997, pág. 1.

ra muchas personas, es más fácil y más cómodo, más seguro, que les digan qué conocimientos deben adquirir y qué tipo de desarrollo personal deben iniciar. Recordad que cambiar de trabajo sólo porque hay más dinero en juego puede indicar una mala gestión. Una mejor opción sería aceptar menos dinero a cambio de tener la oportunidad de aprender un nuevo tipo de habilidades que nos pueden ser muy útiles en el futuro, aceptar otro tipo de intercambio.

Por supuesto, se puede intentar tenerlo todo. En lugar de romperse la cabeza pensando en si quedarse quieto y trabajar con lo que ya sabemos o cambiar a otro empleo donde aprenderemos cosas nuevas, ¿por qué no ampliamos nuestros conocimientos como parte de nuestro trabajo actual? Esto ha demostrado ser un gran revitalizador para muchas empresas. Las empuja a áreas nuevas y ayuda a atraer nuevos talentos. En General Electric, por ejemplo, los empleados pueden solicitar una «tarea de puente» temporal, que les permite cambiar a otro departamento para aprender nuevas técnicas. Las ventajas de este programa son bien conocidas: nuevos retos y oportunidades de aprendizaje para los empleados y una mayor facilidad para la polinización de ideas a lo largo de la empresa. Gran parte de las innovaciones y éxitos de Silicon Valley se deben también a dichas fuerzas.

Repitamos: en lugar de verse gestionado por la organización en la que trabajamos, hay que gestionar su contribución a nuestra carrera. Por ello los agentes libres parecen limitar su lealtad a su profesión. Los programadores de Silicon Valley se identifican mucho más claramente con lo que hacen que con sus jefes, de la misma manera que los médicos y los abogados son fundamentalmente leales a su profesión. En esos casos, una formación continua, una recertificación periódica, incluso acciones disciplinarias, quedan a cargo de asociaciones profesionales en lugar de jefes individuales, al igual que gran parte de los contactos laborales que deberemos desarrollar.

También hay que sospechar que cambiarán otra serie de factores conforme el mercado nos considere cada vez más como agentes por cuenta propia. Número uno: los intermediarios ganarán poder. Creative Artists, la agencia de Hollywood fundada por Mike Ovitz, se convirtió en una fuerza importante cuando los actores afianzaron sus posiciones independientes y buscaron una representación experta para el mercado. De la misma manera, asistiremos al surgimiento de toda una clase nueva de intermediarios para el trabajo y buscadores de talento. El poder del hombre sobre los esteroides. También es probable que su sistema de sueldo cambie, desde un dinero pagado por el empleador a un dinero ganado con el talento.

¿Existen más lecciones que extraer de los pioneros del trabajo independiente en el mundo de los deportes y del espectaculo? Aquí hay otro caso para analizar: las estrellas actuales de ambas industrias están ganando más dinero con actividades colaterales que con su principal tarea. Los patrocinios, las apariciones de celebridades, las licencias de explotación de imagen, las ventas de libros, ahí es donde residen las ganancias suculentas, pero el acceso a ello se limita a los mejores en su profesión. Supongamos que sois los mejores en vuestro campo. ¿Cuál es el conjunto de actividades análogas? ¿Dónde está el dinero de verdad?

CONVERTIR A LOS INDIVIDUOS EN TÍTULOS DE MERCADO

Conforme el valor se traslada al trabajador en una economía conectada, es inevitable que los especuladores financieros quieran parte del pastel. Durante la próxima década, no resulta complicado predecir que Wall Street inventará nuevos instrumentos para desarrollar, medir, evaluar y recompensar el conocimiento y la experiencia de los individuos. Ellos serán los vehículos de inversión del siglo XXI, de la misma manera que las pequeñas empresas lo fueron en el XX y las grandes en el XIX.

Ya está ocurriendo. Como ya se ha mencionado, el artista del mundo del espectáculo David Bowie emitió el equivalente a unos bonos «vendiendo» sus ingresos futuros. Y, en Londres, una aspirante a actriz de veinticuatro años llamada Caroline Ilana saltó a la palestra cuando ofreció acciones de sí misma. Era una manera novedosa de obtener rápidamente fondos para su educación universitaria. Ella prometió a los inversores una parte de sus ganancias en el futuro a cambio de dinero contante y sonante sobre la mesa. El sistema funcionó más allá de lo que había previsto. Entre los que compraron acciones estaba el compositor Andrew Lloyd Weber y los actores Bob Hoskins y Emma Thompson. Juguemos con esta idea: supuestamente, sus acciones podrían pasar a un mercado secundario donde desconocidos, cansados de su fracaso a la hora de conseguir papeles, la podrían presionar para que aceptara otro tipo de trabajo. Y mientras tanto, cualquier triunfo suyo sería una espada de doble filo, porque cuanto más aumente su cotización, más le costará recomprar sus propias acciones. La lección conceptual: hay que mantener el control de la propia empresa manteniendo al menos el 50 % del paquete de acciones. De esta forma, nadie nos podrá obligar a hacer algo que no queramos hacer.

Por supuesto, un mercado secundario para cualquier tipo de acciones parecía igual de problemático en 1792, cuando la Bolsa de Nueva York inició su negocio. El concepto de una «empresa en manos del público» no es intuitivo. E incluso aunque la idea funcionó, sólo parecía aplicable a negocios muy grandes. Incluso hoy en día, la Bolsa de Nueva York comercia principalmente con empresas con activos de al menos 40 millones de dólares y no menos de 2.000 accionistas. Pasaron décadas antes de que los inversores pudieran comprar y vender acciones en empresas más pequeñas, primero en los intercambios regionales y norteamericanos, y más tarde en el NASDAQ (Asociación Nacional de Cotizaciones Automatizadas de Intermediarios de Valores), que maneja compraventas negociadas fuera de la Bolsa de lo que suelen ser empresas pequeñas y con un escaso intercambio de acciones.

Hoy en día, la línea definitoria entre estos intercambios es mucho más fluida. Microsoft, por ejemplo, cotiza en NASDAQ. Lo importante es que una mayor conectividad, los teléfonos, el comercio programado, la cotización continua de acciones en tiempo real y el software de PC que nos permite negociar desde casa han permitido que el mercado amplíe su presencia hasta entrar en la vida de todos los ciudadanos. Apoya el trueque entre individuos muy distantes, el propósito para el que se inventó el dinero. Que los inversores puedan ahora apostar sobre el valor intangible de los individuos es, de hecho, sólo un paso pequeño y lógico en este nuevo mundo.

Vamos a fantasear un poco con esto. Imaginemos algunas acciones de gente famosa que nos gustaría que existieran, siempre que podamos entrar por la puerta principal. Bien: Michael Jordan. Eso es obvio. ¿Y Bill Gates? Compramos. ¿Una última? Dios mío, ¿por qué no?: Elvis. No es difícil imaginar una época en la vida de cada uno de ellos en que podían haber tomado la decisión de ponerse en venta. Seguiremos con el ejemplo de Jordan.

Como estudiante de segundo año en Laney High en Wilmington, Carolina del Norte, tal vez Jordan necesitara gastar dinero. Pero aceptar un trabajo a tiempo parcial después de las clases hubiera significado menos tiempo para dedicarlo al baloncesto. En lugar de poner en peligro su futuro como deportista, el adolescente podría haber vendido acciones suficientes sobre su futura corriente de ingresos como para comprarse un nuevo par de zapatillas de deporte, por ejemplo. ¿Hubiera tenido algún comprador? Tal vez entre los compañeros de colegio, ¿o acaso constituye información privilegiada? (Menos mal que la idea de «estatus de aficionado» ha desaparecido, eso va más allá del BLUR.) Avancemos un par de años hasta los campeonatos de la NCAA de 1982 cuando Jordan, en su primer año en la Universidad de Carolina del Norte, ayudó a los Tar Heels a conseguir la victoria. Ya entonces se vuelve obvio que ese chico es material para la NBA. En otras palabras, una buena inversión, que incluso permite riesgos como las lesiones y el hecho de quemarse rápidamente. Y Jordan, por supuesto, podría realizar sus propias apuestas, reservando parte del dinero en metálico que aportaría una oferta para invertirlo en otros jugadores, o industrias. Los *quarterbacks* eran un sector en el candelero en aquella época.

Digamos que estamos ahora en 1998. Somos Michael Jordan y estamos considerando comprar una mansión, un lugar fabuloso lleno de canchas de baloncesto. Se puede retirar el dinero del mercado de valores, pero eso supondría probablemente una pérdida. La fuente más barata de capital podría ser una emisión de bonos, respaldada por sus propios activos y capacidad de generar beneficios...

Al igual que con las acciones, es más fácil pensar en las superestrellas en las que nos gustaría haber invertido en lugar de en todos los fiascos que nos alegramos de haber rechazado. Por otro lado, ¿qué significaría una inyección de dinero para cualquiera de las legiones de programadores informáticos que entran en el mercado laboral a diario? ¿La red económica estaría mejor alineada como resultado de ello? ¿Qué les hubiera permitido hacer una inyección temprana de capital? Nomura Asset Capital Corp. ha creado una división de préstamos al mundo del espectáculo con la que espera recaudar mil millones de dólares para otorgar «préstamos inusuales» a músicos, actores y ejecutivos de los estudios. Cada uno de los préstamos está garantizado por los ingresos futuros del artista, y después se ve transformado por Nomura y convertido en valores respaldados por activos para ser vendidos a los inversores.[3]

Lo importante de todo ello es que, al igual que las empresas, los individuos sacarán provecho de los mercados de valores para recaudar el capital que necesitan para financiar sus objetivos. Nuestra experiencia ha sido que, cuando nos presentan por primera vez el concepto de «venta» personal, al principio imaginamos lo peor: jóvenes ingenuos explotados por empresarios ávidos de dinero, condiciones que equivalen a la esclavitud, una deshumanización general de los trabajadores como la de los actores bajo contrato con un estudio o los cantantes de blues o de rock descubiertos y ex-

3. Véase Bruce Orwall, «Music: Wall Street Bets on Entertainment Idol's Earning Power», *The Wall Street Journal*, 26 de septiembre de 1997, pág. B1.

plotados por agentes sin escrúpulos en la década de los cuarenta y cincuenta. Pero esos miedos reflejan el equilibrio de poder del pasado. En una economía más compleja, donde el conocimiento es una fuente de valor más importante que la tierra o la inversión en bienes de capital, donde lo que sabes es más importante que lo que posees, y donde la reputación de las personas con las que tratas es un Powerbook abierto, la mayoría de las cartas están en manos de los individuos.

¿Dónde está el comprador?

Un mercado en el que comerciar con los valores garantizados de Michael, Bill o Elvis tal vez no exista ahora mismo, pero seguro que existirá en un futuro cercano. La razón del mercado libre: existe una demanda por parte de vendedores individuales y compradores interesados. Como resultado, surgirán toda una serie de mecanismos para apoyar el intercambio de valores en individuos.

Uno ya existe como simulación de ordenador en la World Wide Web. Wall Street Sports (http://wallstreetsports.com) es un mercado de valores que funciona las 24 horas del día y donde más de 17.000 personas compran y venden acciones de más de 700 deportistas de béisbol, baloncesto, fútbol, hockey y golf. Cuando un cliente se registra, gratis, le conceden un millón de dólares de dinero de mentira. Si lo pierde todo, estará fuera de juego; pero el mejor jugador amasó hasta siete millones de dólares. Lo que un día es un juego a menudo es un deporte profesional al siguiente, ya se desarrolle en el Madison Square Garden o en Wall Street.[4]

Conforme se vaya creando un mercado real, no hay duda de que la primera necesidad que habrá que satisfacer serán los servicios de auditoría, para atestiguar la veracidad de la declaración de ingresos que aporte cada uno. Ello dará a los inversores la suficiente confianza como para comprar. Al mismo tiempo, los vendedores buscarán consejo sobre la estructura de la deuda y los flujos de caja previstos. Como resultado, surgirán nuevas sucursales de los bancos de inversiones. Un volumen creciente necesitará estándares (y por tanto consejos para la fijación de estándares) e intercambios (sin duda en Internet). Poco después llegarán las fuentes de los índices y los análisis, los equivalentes a Moody's y Morningstar. Los inversores querrán una amplia información, como las previsiones

4. «The Market is Bullish on Michael, but Things Look Sticky for Rice», *The Wall Street Journal*, 19 de noviembre de 1997, pág. B1.

para las distintas profesiones y el número de licenciados en los distintos campos, así como información detallada sobre individuos concretos.

Se aplicarán distintas filosofías de inversión, y varias de ellas tomarán la delantera según el momento histórico. Puede haber una escuela Myers-Briggs, por ejemplo, que base las recomendaciones de compra sobre pruebas de atributos psicológicos relacionados con el éxito. Una escuela demográfica podría buscar patrones de rendimiento en áreas geográficas, grupos de edad o clases socioeconómicas. Otras siempre se centrarán en el comportamiento actual: ¿esta persona está obteniendo habitualmente buenos análisis de rendimiento? Muchos inversores buscarán ingresos sólidos y fiables de personajes de poco riesgo. Muchos otros buscarán las gangas y la emoción de apostar por los caballos con menos posibilidades.

Dada la abundancia previsible, el coste relativamente bajo y el alto riesgo de los individuos «en venta», los fondos mutuos son inevitables. Los fondos se podrían concentrar en sectores, como por ejemplo artistas del mundo del espectáculo o incluso cómicos, de forma que unos pocos ganadores compensen por muchos perdedores. Se podrían centrar en grupos de edades u otras coordenadas definidas. Imaginemos un Fondo para la Promoción de Harvard del 99. O se puede concentrar únicamente en una empresa. Los inversores podrían estar incluso más interesados en un fondo de empleados de Microsoft que en las acciones del mismo Microsoft. De hecho, uno podría sustituir al otro.

La regulación y la legislación son igualmente inevitables. Las limitaciones de edad se establecerán en una primera fase, y seguramente ocurrirá que no se podrán vender acciones a familiares, directos o indirectos, aunque ello resulte muy tentador. Quedarán establecidas normas de revelación y de comunicación de información privilegiada, así como estructuras de gobierno. En este nuevo mundo de individuos garantizados, ¿cuál es el equivalente al consejo de administración? Desde luego, podría ser una valiosa fuente de consejo profesional y contactos de red. ¿Pero qué poder podría tener para vetar decisiones de estilo de vida tomadas por el individuo? ¿O para reemplazar a otros personajes clave, como el propio entrenador o terapeuta?

Si arañamos la superficie de esta predicción, muy pronto parece claro que surgirán amplias y profundas implicaciones. Convertir los ingresos individuales en información pública causará un malestar importante a convenciones sociales largamente establecidas. Y es posible que la difusión del riesgo y la responsabilidad hacia los accionistas afecte a la ética profesional del individuo, aunque todavía no está claro de qué manera. Los individuos ya se comportan de manera distinta cuando «emiten» deuda, así que ¿quién sabe cómo reaccionarán cuando emitan valores de acciones? Después de todo, el caso de Curtis Flood devolvió al final el beneficio de la «acción» en la carrera de un jugador al deportista, que ahora puede comerciar con él. Los propietarios han convertido este hecho en una oportunidad para proporcionar incentivos de rendimiento. Estos cambios en el comportamiento individual se irán acumulando para crear ventajas e inconvenientes empresariales más amplios. En un mundo de individuos convertidos en títulos de mercado, ¿qué ocurre, por ejemplo, con la distribución de ingresos? Como punto menor, ¿qué ocurre con la política fiscal? Como una preocupación mayor, ¿cómo cambian las misiones y los mecanismos de las instituciones, como el Servicio de Recaudación de Hacienda?

Entender todas las implicaciones de la puesta en venta individual tomará su tiempo, pero ya está claro que surgirán algunas formas de desarrollo. Como individuos que se preparan para un futuro cercano, ya deberíamos estar organizados con la vista puesta en el IPO. Ello significa adoptar una perspectiva distinta ante el trabajo que desempeñamos ahora mismo, y ante el trabajo que desempeñaremos en el futuro.

El individuo como agente libre en la economía conectada

El trabajo por cuenta propia y, en última instancia, la venta de acciones sobre el individuo, nos orientan en una misma dirección inevitable: hacia la conexión directa del individuo y la economía. En otras palabras, estamos asistiendo al papel de la empresa como un mediador en decadencia, y los individuos tienen una mayor capacidad para participar directamente en la esfera más amplia de la actividad económica. Esto es muy similar a las presiones sobre los intermediarios por el lado del deseo de la economía. Solía ser casi inevitable en una cadena de abastecimiento de bienes de consumo que estuviera presente un distribuidor, cuya misión era dividir camiones de producto de un fabricante en envíos múltiples y más pequeños a los minoristas. Gracias a una mayor conectividad y al empuje de reducir los activos tangibles acelerando la dispersión de existencias, esas distribuciones físicas están desapareciendo. Colgate-Palmolive puede realizar envíos directamente a los minoristas que sean sus clientes. La falta de intermediarios también resulta evidente en la economía personal, empezando por los cajeros automáticos y, ahora, la gestión financiera en línea de los PC. Permitiendo a los consumidores un acceso directo a sus cuentas, los bancos y los agentes de Bolsa han podido prescindir de los intermediarios tradicionales, el cajero o el representante autorizado.

La empresa siempre ha sido el intermediario entre el trabajador y el mercado; consolida la labor de muchos trabajadores y reparte el producto de ese trabajo combinado entre los compradores. Éste será el papel de las organizaciones; seguirán existiendo para coordinar los ingresos y añadir demanda. Pero para un trabajador individual concreto, el papel de una empresa concreta será mucho menos fundamental. Tal vez siga siendo un canal útil y eficaz de acceso al mercado, pero desde luego no será el único.

Nodo de ti mismo

Aquí se está hablando de la reconceptualización del individuo como, fundamentalmente, un nodo en una red económica. Un nodo es un punto conectado en una red a muchos otros puntos. Solíamos considerar las empresas de la economía como esos puntos, irreducibles para propósitos prácticos. Hoy en día, debido a una conectividad que lo invade todo, los sistemas económicos operan a un nivel más granular, y tenemos la capacidad de verlos a ese nivel. Los individuos se convierten en nodos, conectados unos a otros. La conectividad lo hace posible. La necesidad de adaptabilidad lo hace valioso.

Una gran ventaja de esta reconceptualización es que podemos finalmente librarnos de dos falsas dicotomías que han conformado nuestro pensamiento durante al menos medio siglo. Primero, la distinción entre trabajadores y consumidores; segundo, la diferencia entre trabajo y vida.

La primera de estas diferencias artificiales, entre el individuo que trabaja y el individuo que consume, es un pilar de la economía clásica. Los diagramas que muestran el funcionamiento de la economía muestran invariablemente un flujo de trabajo de los hogares a las empresas y un flujo independiente de producción que vuelve a los hogares, lo que muestra evidentemente que trabajadores y consumidores son de hecho una sola cosa. Sin embargo, la economía trata al mercado laboral y a los mercados de productos y servicios como entidades independientes, en lugar de considerarlos dos aspectos de los mismos individuos. En otras palabras, cada uno de nosotros trabaja y come, en un equilibrio más o menos sostenible. Es la forma en que los hombres de negocios dibujan la cadena de valor lo que les confunde: insisten en un modelo tradicional, con sus entradas en la parte izquierda, la empresa en medio y el mercado a la derecha. La realidad es mucho más caótica que cualquier cadena tradicional. Primero, sería más acertado dibujar la dirección de la cadena de valor de derecha a izquierda, ya que no se puede generar valor con ofertas que no satisfacen deseos (por eso se habla de cadena de valor, y no de cadena de la suerte). En segundo lugar, cada uno de nosotros es un nodo económico en un sistema grande, complejo y adaptable, es decir, la red económica.

La otra gran diferenciación perpetrada durante el siglo pasado es que existe una distinción entre nuestra vida laboral y, llamémoslo así, nuestra vida-vida. El presupuesto básico que está en juego aquí es que el trabajo es distinto de la vida. Esto es absurdo. La gente no está menos viva o es menos ella misma cuando acude al trabajo. De nuevo, es el predominio del jefe en nuestra concepción de la actividad económica lo que nos supone un problema. Es cierto que el tiempo pasado en la oficina es tiempo que no se pasa en casa. Pero la actividad económica de un individuo no se limita a lo que hace en una oficina. ¿Y acaso no es cierto que las opciones económicas que se eligen en una determinada esfera afectan a todo lo demás?

Las personas no existen independientemente de su identidad económica. Una mujer puede pagar más por una determinada marca de productos para el cabello, por ejemplo, no sólo por su funcionalidad sino por la forma en que le hace sentirse («yo lo valgo»). Otra persona puede elegir entrar en el mercado laboral cuando tiene la opción de quedarse en casa con los niños (algunas veces incluso a un coste económico mayor, dado el precio del cuidado infantil) porque añade otra dimensión valiosa a su vida. Una pareja invita a otra a cenar devolviéndole una invitación anterior. Todas las interacciones y transacciones humanas implican un intercambio en algún nivel de valor. Todas existen en el mismo espacio, entre los mismos nodos, en la misma gran red económica.

La conclusión de todo esto es que nosotros como individuos no tenemos una vida laboral que gestionar, y mucho menos que nos la gestione una empresa. No se trata solamente de la carrera profesional. Somos los encargados de gestionar nuestra vida entera.

Gestionar nuestra vida

Gestionar una vida significa llegar a un acuerdo con el hecho de que la vida tiene muchas monedas que representan un determinado valor. Recordemos la autopista de seis carriles del capítulo 3, donde describimos que la transacción tenía tres componentes: valor económico, valor informativo y valor intangible. Sin asignarles siempre un valor estrictamente monetario, los individuos reconocen que hay muchas cosas deseables, escasas y valiosas. El tiempo es un buen ejemplo. Un buen amigo, otro. La estimulación intelectual, el compromiso emocional, la atención respetuosa... la lista continúa.

No os preocupéis, no vamos a ayudaros a vivir mejor. Este libro no se titula *Las mujeres que aman demasiado el BLUR* (aunque podría ser *El hombre que confundió a su mujer con un BLUR*). El asunto es simplemente que, en una vida bien gestionada, muchas cosas se obtienen y se asignan con el mismo cuidado, si no más, que los activos financieros. De hecho, las decisiones con respecto al objetivo de nuestra atención y emoción tendrán un efecto mayor en vuestra vida que las referentes a la asignación de fondos. Para trasladar todo esto firmemente al campo de los libros empresariales, los contactos humanos constituyen un buen ejemplo. Todo el mundo estaría de acuerdo en que una gran red de amigos y conocidos es un activo realmente valioso. Pero uno de los recursos más escasos como individuo es la cantidad de atención que podemos ofrecer, y ello se volverá más importante cuando se añada la gestión del precio de nuestras propias acciones a nuestras responsabilidades.

La elección de qué trabajo desempeñar y dónde hacerlo también se verá influida por estas otras consideraciones no financieras. Después de todo, el trabajo no sólo consiste en ganar dinero. En distintos momentos y por distintas razones, exigiremos otras formas de pago por nuestros esfuerzos. El ejemplo obvio es la adquisición de habilidades y conocimientos. Aceptaremos un sueldo más bajo por un trabajo que por otro si la oportunidad de aprender algo importante forma parte del contrato. Por eso los empleados sin experiencia cobran menos que los que disponen de un currículum. En realidad, siguen pagando por obtener formación. Otros factores que tal vez valoremos en lugar de un sueldo alto incluyen una infraestructura potente, un mayor acceso a las personas que queremos que formen parte de nuestra red, una mejor plataforma para nuestro renombre personal, mayor flexibilidad para organizar el trabajo, mayor contenido creativo, etc. Todo ello forma parte del intercambio.

Todo ello significa que nuestra vida laboral («carrera» es una forma demasiado arcaica de considerar este asunto) no se podrá distinguir de nuestras vidas-vidas. Cada una de ellas será tan rica, variada y única como la vida de la que forma parte. Inevitablemente, esto también significa que el trabajo será tan reacio a la planificación como la vida misma. El mejor consejo sobre cómo triunfar en los negocios: no planificar demasiado. Si intentamos mirar más allá de la red y anticipar nuestra situación dentro de diez años, lo más probable es que parte de la red ni siquiera esté allí cuando lleguemos. Es más inteligente irse adaptando conforme cambia la información de nuestro entorno y nuestro futuro.

La gestión en el mundo de los trabajadores por cuenta propia

Esperamos que hasta ahora hayáis leído este capítulo con los objetivos de vuestra propia vida y trabajo en mente, es decir, trabajo por cuenta propia, acceso directo al mercado, integración vida-trabajo. Suena fantástico, ¿verdad? Ahora poneos el uniforme de directivo y echad otro vistazo. Tened miedo. Tened mucho miedo.

Desde el punto de partida de una organización que depende del mercado laboral para cumplir sus objetivos, la creciente fluidez y transformación de los rangos significa que será más difícil que nunca retener a los empleados más valiosos. El hecho de que los individuos estén más preocupados por aumentar sus conocimientos y contactos como forma de incrementar su valía personal significa que habrá que invertir mucho más en desarrollo y formación. La perspectiva del valor individual y de la evaluación del mercado traerá consigo extrañas y nuevas dinámicas al cálculo de los salarios. Dicho llanamente, la empresa ya no ocupa el asiento del conductor. Se ha convertido en un mecanismo de oferta de oportunidades en lugar de un comprador de horas de trabajo.

Reclutar y retener el talento

Un punto que ya está bastante claro es que las empresas tendrán que esforzarse cada vez más para atraer a individuos con talento. Para muchas empresas, incluidas prácticamente casi todas las que empiezan, éste es el único gran tema para hacer frente a la competencia. Rivalizando con competidores más grandes y ricos, los pequeños empresarios descubren que simplemente no pueden igualar los sueldos que se ofrecen a los trabajadores altamente cualificados. Para muchos, la alternativa han sido las opciones para compra de acciones, que ofrecen unas ganancias potencialmente altas y que poseen la cualidad de resultar especialmente atractivas al tipo de persona que necesita toda empresa joven: triunfadores, emprendedores, listos y valientes. Con este enfoque, Microsoft convirtió en millonarios a más de 21.000 empleados; en 1997, las acciones del empleado medio incrementaron su valor en más de un millón de dólares. Por supuesto, esto se relaciona directamente con el propio «precio por acción» del individuo. El trabajador sabe que «sus acciones se comportan como un valor del mercado, y suben o bajan según mis habilidades y mi participación en acciones de mi compañía. En realidad se trata de un fondo mutuo, ya que invierte en cómo trabajamos mis compañeros y yo».

Las opciones de compra de acciones no son la única miel que están distribuyendo los empleados como señuelo. En las oficinas centrales del Barnett Bank en Jacksonville, Florida, la dirección llegó a un acuerdo con la escuela del distrito local para abrir una escuela de enseñanza primaria en sus instalaciones, exclusivamente para los hijos de sus cientos de empleados.[5] La decisión fue doblemente inteligente: no sólo hace que la gente quiera trabajar ahí, sino que disminuye la posibilidad de que se quieran marchar. Las empresas llenan de estrés las vidas de sus empleados de distintas maneras. Se está convirtiendo en habitual que las oficinas subvencionen servicios en sus instalaciones, como, por ejemplo, la limpieza en seco, la preparación de comidas para llevar a casa, la planificación de viajes y personal de portería para el uso exclusivo de sus empleados.

Sin embargo, algo todavía más valioso que estos incentivos es el trabajo en sí. A la gente le gusta sentir el poder de una fuerte infraestructura sobre la que desarrollar y medir su talento. La infraestructura es lo que mantiene a un profesional de talento y alto valor en el mercado ligado a una organización que le paga menos de la mitad de lo que podría cobrar en otra empresa. ¿De verdad a alguien le gusta bajar a las trincheras y añadir tóner a la fotocopiadora o actualizar las listas de *mailing*? Y la perspectiva de intentar arreglar tu propio ordenador es demasiado odiosa (por ello estos servicios entraron a formar parte del producto en el capítulo 2). Es mucho mejor que estemos concentrados en nuestra propia capacidad básica y en los nuevos conocimientos que nos harán más valiosos en el mercado laboral.

Para ser de utilidad para una determinada empresa, la infraestructura tiene que ir más lejos que nunca, y en muchas direcciones, porque una persona se verá atraída por una tecnología de vanguar-

5. Las nuevas gratificaciones del Barnett Bank aparecieron junto con las de otras empresas en el artículo de *USA Today* «Perking Up Employees» de Stephanie Armour, 8 de octubre de 1997, pág. 1B.

dia, y otra por un departamento de publicidad con la capacidad de hacerle famoso (lo cual también es positivo para el precio de la acción). Muchos se verán atraídos por las ventajas prometidas por las bases de conocimiento exclusivo y los procesos de trabajo en condiciones óptimas. Y una infraestructura que apoye el teletrabajo y otras disposiciones laborales flexibles tendrá mucho a su favor, para un número cada vez mayor de trabajadores. La clave es ésta: una empresa debe atraer talento y el talento debe maximizar su precio por acción. Ambas condiciones se cumplen cuando una empresa proporciona su talento junto con su infraestructura, su apoyo y otros elementos que le permiten añadir más valor. Para la empresa, gestionar la infraestructura es lo que significa para el individuo gestionar el precio de la mercancía: haz esto, y casi todo lo demás llegará solo.

Desarrollar el potencial

En un clima de constantes cambios de empleados, algunas empresas se resisten a invertir en formación. ¿Por qué invertir dinero en un recurso para comprobar que éste se pasa a una empresa de la competencia al mes siguiente? Respuesta: no es una buena política ignorar las necesidades de desarrollo de los empleados. De esa forma, sólo conseguiremos que se vayan antes, o que nunca quieran trabajar en nuestra empresa. La clave está en maximizar la cantidad y calidad del desarrollo invertido en el trabajo, y convertir ese servicio en producto para hacerlo mejor, más rápido y más barato que los demás.

También es importante darse cuenta de que está cambiando toda la naturaleza del desarrollo en el mundo del BLUR. ¿Qué significa contribuir al desarrollo de los empleados en un mercado de trabajo centrado en los agentes por cuenta propia, la venta de acciones de uno mismo y el equilibrio entre vida y trabajo? Algo importante que se puede hacer es ayudar a mejorar su cartera de contactos. Tal vez exista una persona o empresa que nos resultó especialmente valiosa al principio de nuestra carrera profesional. Pasemos el contacto a alguien que lo pueda utilizar ahora. Mientras tanto, se le puede informar de otras fuentes de trabajo, lo que tal vez le ayude a desarrollar conocimientos que a nosotros no nos resultan especialmente útiles. Aunque esto sea contraintuitivo, porque claramente no anima a las personas a dedicarnos todas las horas laborables, estaréis aprovechando al máximo lo que de todas formas no podéis cambiar (¿recordáis toda esa conectividad?). Si sois vosotros los que proporcionáis a un empleado la oportunidad de realizar un trabajo satisfactorio, preferentemente con una empresa que sea una parte clave de vuestra red económica, evitaréis que se vaya a una empresa de la competencia y mantendréis ese «recurso» a vuestro alcance.

En última instancia, la mejor forma de invertir en las personas es hacerlo literalmente. Como cada vez más individuos eligen ponerse en manos del público y vender ofertas financieras garantizadas por sus ingresos futuros, será posible invertir en ellos. Para muchos, la oferta se hará con las necesidades de desarrollo en mente (recaudar dinero, por ejemplo, para vivir mientras se dedican dos años exclusivamente a sacar un posgrado). Es habitual exigir a los nuevos ejecutivos que compren acciones de la empresa como garantía de compromiso de rendimiento. ¿Por qué no exigir a la empresa que compre acciones del individuo?

Otro ejemplo de cómo satisfacer las necesidades de desarrollo provienen de un ejecutivo de alta tecnología que contó que había sido «entrevistado» por un candidato al puesto de trabajo con conocimientos poco frecuentes y muy valiosos en software de inteligencia artificial. El candidato, que estaba terminando sus estudios, exigía que todos los beneficios fueran de su propiedad y pudiera retirarlos cuando quisiera, ya que pensaba cambiar de empresa al cabo de un par de años. La empresa accedió y le contrató (en realidad, accedió al intercambio).

LAS VENTAJAS DE LOS CAMBIOS

Las mayores empresas de contabilidad del mundo que cotizan en Bolsa han entendido desde hace tiempo algo que otras empresas tendrán que admitir hoy en día y en el futuro: que la mayoría de sus antiguos empleados, en todo caso, adquieren importancia en cuanto se marchan por la puerta. Se da por supuesto en los Seis Grandes, en su día los Ocho Grandes y pronto los Cuatro Grandes, o menos, que entre ellos se repartirán lo mejor de los nuevos licenciados en economía. Ello es debido a que esos licenciados consideran a las empresas como su billete a la fortuna. Si están dispuestos a invertir su precioso tiempo en tareas difíciles y sesiones de mil horas diarias, pueden ganar mucho dinero. En esas condiciones, la rotación es tremenda.

Pero las firmas de contabilidad han conseguido convertir un problema en una oportunidad, y proporcionan un gran apoyo a los empleados que se marchan. Nada de rencores, al contrario. Aunque pueda parecer asombroso, saben que sus empleados tienen más valor cuando se marchan. ¿Os imagináis considerar algo que ha desaparecido como un activo? Bueno, el hecho es que no han desaparecido. Después de todo, ¿adónde se dirige esa persona? Casi con toda seguridad a la auditoría interna o personal de gestión de un cliente o cliente potencial, donde estará en posición de influir en la selección de auditores en el futuro. Además, estas empresas tienen programas muy activos de ex empleados. Mantienen un seguimiento de antiguos empleados y proporcionan apoyo financiero a boletines de noticias con animadas secciones de «qué fue de».

Algunas empresas de consultoría y bancos de inversión siguen políticas similares, y por las mismas razones. La famosa política de carrera profesional «hacia arriba o hacia afuera» de McKinsey y Co., por ejemplo, también sirve como servicio de colocación de empleo. «Fuera», a menudo, significa «dentro», como alto ejecutivo con una empresa cliente, preferiblemente en un papel que incluye responsabilidades y un presupuesto para contratar consultores.

Lo que hacen estas empresas es cosa de niños comparado con lo que ocurrirá en un futuro cercano. Recordad: conforme los cambios se conviertan en un asunto cotidiano, no bastará con intentar esquivarlos. Hay que aprender a explotarlos. La mayoría de las personas que atraviesan vuestras puertas no permanecerán bajo vuestra supervisión directa pero sí en la red económica durante un tiempo considerable.

Al gestor que pueda equilibrar todas las exigencias del trabajo en un mundo de trabajadores *freelance* le espera una buena compensación. Serán gestores de red, de los que reconocen y atraen talentos, de los que crean infraestructuras diferenciadoras, optimizan el desgaste y se responsabilizan de sus propias promesas cuando vuelven al nido. Después de todo, ¿no llevamos años diciendo a los empleados que deben comportarse como empresarios? Todos los días les decimos que deberían preguntarse: ¿estoy añadiendo valor al negocio? Bueno, a partir de ahora, preparaos para oírles formular preguntas del tipo: «¿Quién se queda con el valor que yo añado?», y «¿Este negocio me está añadiendo valor a mí?».

Que la confusión esté con nosotros

¿Qué estáis haciendo con vuestra atención? ¿La estáis invirtiendo en algo que tenga valor para el mercado? ¿Escucháis las señales que emite el mercado y os adaptáis a ellas? Como gestores, ¿estáis preparados para que los trabajadores piensen y actúen de esta manera? ¿Les ayudáis a que se conviertan ellos mismos en valores de mercado?

7

EL CAPITAL

LA PROPIEDAD PERTENECE CASI EXCLUSIVAMENTE AL PASADO

Acumular capacidad productiva siempre ha sido el medio principal del que se ha valido la economía para crecer, desde las semillas de maíz a las fábricas o los fondos mutuos. Ahora lo fundamental son nuestros conocimientos y relaciones. También el capital está conectándose, adquiriendo velocidad y convirtiéndose en intangible. Conforme lo hace, su capacidad futura para crear valor se vuelve mucho más importante que su coste. La capacidad productiva se comprará y se venderá en una subasta, en lugar de construirse en un balance de situación. Y el recurso productivo más valioso ni siquiera está todavía conectado: la atención.

En la década de los setenta, el presidente de Citicorp, Walter Wriston, percibió que la información sobre el dinero era más importante que el dinero mismo. Este comentario fue una visión temprana de los intangibles. El banco construyó una red que puede tranferir fondos de forma instantánea por todo el mundo, de manera que puede usar sus activos en cualquier momento y cualquier lugar. Los banqueros cierran sus instalaciones y se van a su casa todas las tardes, pero el dinero se queda en la calle toda la noche.

Cuando @Home salió a Bolsa en 1997, sus acciones subieron tanto que alcanzaron una capitalización de mercado de 800 millones de dólares, a pesar del hecho de que el valor contable de la empresa (el valor de su base de activos tal y como venía reseñado en el balance) era tan sólo de 7,6 millones de dólares en capital de los accionistas. ¿Una exuberancia irracional? Los inversores no lo creían así. Para ellos, lo irracional estaba en el balance, que tiene en cuenta factores no pertinentes como inventarios de materias primas y que pasa por alto los activos intangibles que condicionan realmente el futuro de una empresa.

Hoy en día, en muchos negocios, el único e importante bien de capital es el ordenador personal conectado. Más que cualquier otra máquina, permite que los trabajadores sean productivos y añadan valor.

Así que, ¿por qué será que ninguna empresa en su sano juicio quiere poseer uno? Porque la evolución constante en el mundo de la informática significa prácticamente que se quedará obsoleto al poco tiempo. A diferencia de muchas importantes inversiones en bienes de capital del pasado, los PC están sujetos a cambios constantes.

Six Degrees es una empresa que pretende darnos un beneficio sobre nuestro capital intangible, nuestros contactos. Si invertimos los contactos que tenemos en ellos, nos recompensarán con los nuevos que deseamos poseer.

Todos hemos oído la afirmación de que dos seres humanos del planeta están unidos por no más de seis grados de separación. Ahora bien, existe una empresa con sede en Internet llamada Six Degrees que promete ayudar a codificar y explotar ese fenómeno. Al hacerse socio, hay que introducir los nombres de todas nuestras personas conocidas, es decir, nuestro capital de relaciones. Como socio, si esperamos conocer, digamos, a Maya Angelou, basta con teclear su nombre. Suponiendo que algún otro suscriptor le conozca, el software encuentra al amigo de un amigo de un amigo que podría hacer las presentaciones.

Ya lo hemos dicho antes: la tarea de una economía, y de las empresas que forman parte de ella, es dirigirnos hacia los recursos disponibles para satisfacer las necesidades del mercado. Si la empresa conoce sus recursos disponibles, los elementos con los que cuenta para trabajar, estará considerando dos elementos fundamentales: las personas y el capital. En el anterior capítulo hemos visto que los recursos humanos están cambiando en un mundo marcado por la conectividad, la velocidad y los intangibles. Aquí afirmamos que, al igual que todo lo demás, el capital ya no es lo que era.

¿Qué es el capital?

Para entender qué es lo que está cambiando con respecto al capital, hacen falta algunas definiciones y un poco de perspectiva histórica. Estrictamente hablando, el término *capital* siempre se ha referido a la acumulación de capacidad productiva. En otras palabras, es la infraestructura duradera que hay que construir, adquirir, reunir y mantener para obtener la producción de una corriente de bienes y servicios para el consumo. La mayoría de nosotros, cuando pensamos en capital, pensamos en dos cosas. En primer lugar, imaginamos fábricas, máquinas, almacenes, todo lo que Karl Marx llamaba medios de producción. En segundo lugar, pensamos en el dinero, el apoyo financiero necesario para establecer esas capacidades.

La forma más antigua de capital fue de naturaleza puramente física, hachas de piedra en la economía del Neolítico, o semillas de maíz en la economía agraria, por ejemplo; en otras palabras, bienes de capital y no capital financiero. Antes de la primera época feudal, el mundo occidental sólo tenía las llamadas economías de subsistencia, que apenas eran economías. Estaba el trueque: yo te doy uno de mis cerdos a cambio de varios días de servicios de carpintería, pero esa actividad no producía un excedente en el sistema. Por supuesto, una excelente cosecha en un año determinado podía producir un excedente, pero lo que no se podía comer se pudría al año siguiente. No había forma de convertir lo que quedaba en algo duradero. Sin excedente, no se podía producir la acumulación que constituye la capacidad productiva.

Las economías feudales representaban una temprana organización que permitía extraer un excedente de las actividades de los trabajadores, y luego acumularlo. La clave estaba en que los señores feudales tenían una manera para convertir el excedente en algo duradero: cogían los diezmos que recibían de los siervos y usaban esos bienes para pagar a los trabajadores, que de lo contrario estarían trabajando en el campo, para que construyeran sus castillos y catedrales.[1] Esos edificios monumentales eran la acumulación de un valor excedente, y se convirtieron en el capital que los señores feudales deseaban atrapar como forma de ampliar sus propios dominios.

No fue hasta que entramos en lo que se conoce como la economía de los gremios cuando el capital financiero se convirtió en una característica importante del mundo económico. En ese momento, el nivel de especialización laboral había alcanzado un punto en el que el simple trueque no podía proporcionar a una familia todo lo que necesitaba. Llegar a los complejos acuerdos a tres y cuatro bandas que convertían las herraduras de los caballos herradas durante la mañana en pollo en la mesa por la noche habría llevado un día entero. Las monedas se consideraron cómodas piezas de almacenamiento de valor, otra manera más tangible de acumular excedente económico.

Ésta fue una innovación muy afortunada, porque cuando llegó la tecnología de la revolución industrial, hacían falta enormes can-

1. Los egipcios usaban la esclavitud y los romanos el reclutamiento para acumular capital. Nosotros aquí somos eurocéntricos para propósitos ilustrativos.

tidades de capital. Hace falta algo más que los impuestos de un pueblo para construir un convertidor Bessemer o una estufa catalítica o una cadena de montaje. Por eso los señores feudales de los siglos XIX y XX, los Carnegies, Morgans, Mellons y Rockefellers, por ejemplo, tenían tantos intereses en la banca como en los ferrocarriles, las fábricas de acero y los campos de petróleo.

Al final de la revolución industrial, cuando las fábricas y las máquinas eran la encarnación del capital, el sistema financiero se había convertido en una enorme sombra del mundo del capital físico. Ya no se consideraba como una moneda de intercambio, sino que el dinero tenía valor en sí mismo. La gente percibía que la acumulación de excedente no tenía por qué significar convertir esas monedas en capital físico. Podían acumular excedente y colocarlo en bancos o comprar mercancías. Con el desarrollo de la banca, podían incluso pedir prestado contra el excedente acumulado. Las instituciones financieras como los bancos y las compañías de seguros empezaron a proliferar, y el capital financiero, la sombra o derivado, tomó una vida propia.

Ahí es donde estamos ahora, casi. Curiosamente, el capital financiero ha adquirido hoy en día una importancia tal que proyecta su propia sombra sustancial, un derivado de un derivado. El sistema de información que apoya las transacciones económicas ha madurado actualmente hasta el punto de que es considerado por mucha gente como un receptáculo incluso mejor de valor de excedente acumulado. Ésta es la conclusión extraída de la afirmación de Walter Wriston al principio de este capítulo.

La percepción es la clave. El capital sigue cambiando su apariencia o disfraz y significa cosas distintas para personas distintas en épocas distintas. El punto de vista de Wriston le convirtió en un temprano habitante del mundo del BLUR. Sí, el capital es una constante, en cuanto representa una acumulación de capacidad productiva. Pero el capital físico y el financiero tienen ahora compañía conforme empieza a surgir el «capital intelectual».[2] Éste representa también la acumulación de capacidad productiva, pero la reflexión que subyace al hecho de llamar a cualquier cosa capital intelectual es reconocer que nuestros activos más importantes, y nuestros medios de producción más duraderos, son el conocimiento, el talento y la experiencia.

2. El hecho de que salieran tres libros con el nombre de *Intellectual Capital* en un período de tres meses en 1997 es un indicador de la omnipresencia de esta idea. Sus autores son Tom Stewart, miembro del consejo de editores de *Fortune*, Leif Edvinsson y Michael Malone (Edvinsson es director de Intellectual Capital en Skandia, una empresa de seguros sueca, y Malone es un conocido periodista).

DEPÓSITOS Y FLUJOS

Pensemos de nuevo en los conceptos de capital con los que hemos crecido todos. Dediquemos un momento a recordar algo que siempre se ha considerado como capital, ya sabéis, algo que poseería un señor feudal. En primer lugar, es algo duradero; a diferencia de un bien de consumo, tiene una vida larga y útil. En segundo lugar, es algo sólido. Se queda quieto. A los auditores les resulta fácil contabilizarlo. Y, tercero, es algo distinto, monolítico incluso. Tiene valor como activo independiente, y es propiedad de una empresa. Hmmm. Lento, tangible y desconectado. No parece algo que vaya a sobrevivir en este nuevo entorno del BLUR.

Lo que permanece es que el capital se caracteriza por la capacidad económica para hacer algo más, no algo que satisfaga directamente el deseo de un individuo. En un mundo de conectividad, velocidad e intangibles, la forma que adopta esta capacidad productiva y el excedente acumulado está cambiando drásticamente. Después de todo, ¿qué hace falta para meterse hoy en día en el negocio del calzado? Desde luego, no una fábrica de zapatos. Nada de materias primas, y ninguna flota de camiones de reparto. Nike se convirtió en líder de su sector manteniendo todo ese tipo de capital tradicional fuera de su balance, y colocándolo en lugar de ello en manos de sus proveedores. La propia capacidad de producir valor de Nike reside en su capacidad de diseño, sabiduría de marketing, posicionamiento en el mercado y canales de distribución. Juntas, todas estas características se acumulan en fuerzas intangibles que reportan mayores beneficios que las inversiones tradicionales de capital. Los mayores activos físicos de la empresa tal vez sean sus portavoces, y sus contratos con ellos, que representan opciones sobre la venta del valor de la imagen futura. Y hablamos de intangibles. Nike también ha conseguido un éxito impresionante gracias a su eslogan «Hazlo», aunque esto es obviamente un oximoro para una operación que ha prosperado practicando exactamente lo contrario: «No lo hagas».

Otras empresas están siguiendo la misma estrategia, en especial Sara Lee. La empresa posee algunas de las marcas más conocidas del mercado, incluidas sus mezclas de tarta epónima y otros alimentos, el Wonderbra, la ropa deportiva Champion y la ropa interior Hanes. La compañía está pensando en dejar de fabricar ropa y en lugar de ello pondrá sus marcas a bienes fabricados por otros, como hace Nike. También está considerando cuándo vender su negocio de alimentación. Algunas empresas empezaron de esta manera. La británica Advanced RISC Machines, o ARM, nunca tuvieron un producto que no fuera una arquitectura de chips que obtiene más energía de baterías pequeñas. ARM vende su tecnología a fabricantes de ordenadores de bolsillo, teléfonos móviles, etc.

Algunas grandes ideas reflejadas en estos ejemplos merecen ser analizadas en detalle, porque se aplican hoy en día a todas las empresas.

Capital móvil

Primero, el capital en su sentido tradicional ya no es la base del valor de la empresa. El éxito competitivo no pertenece simplemente a aquellos que están sentados tranquilamente sobre la mayor cantidad de activos. Al contrario; en una economía marcada por una velocidad sin precedentes, lo valioso no es lo que se queda quieto, sino lo que se mueve. Tal vez tengamos que abandonar la idea de que poseer o incluso controlar capital es una fuente necesaria para satisfacer las necesidades de mercado. Más probablemente, necesitamos aprender a usar el capital como una manera de medir la capacidad productiva como flujo y no como depósito. De cualquier forma, la idea de valor debe cambiar de lo estático a lo móvil.

> *¿Cuánta capacidad productiva, ideas, habilidades, innovaciones, deja fluir vuestro negocio a través de sus sistemas todas las semanas?*

Capital just-in-time

La segunda lección general es que a menudo no compensa poseer bienes de capital. En un entorno empresarial que cambia rápidamente, la propiedad posee un riesgo importante. Existe la posibilidad de que a) el equipo se vuelva obsoleto años antes de su amortización. Uno no cuenta toda esa ropa pasada de moda del armario como capital, ni se abarata conforme cambian los estilos, así que no son capital. Y tampoco lo es el PC, que ya tiene dos años, aunque funcione tan bien como cuando lo compramos. Y b) la propiedad puede acabar siendo una rémora, cuyo peso total retrasará la capacidad de la empresa de salirse rápidamente de una línea empresarial y adoptar una nueva. Mientras tanto, los riesgos inherentes a no ser el propietario de nuestros propios bienes de capital están disminuyendo rápidamente. El potencial de forjar y mantener fuertes vínculos con proveedores e individuos de fuera de la empresa crece día a día, y las posibilidades de que nos dejen plantados son mínimas y controlables. En otras palabras, la velocidad y conectividad de la nueva economía argumentan contra las inversiones físicas de capital. El capital como inventario de capacidad debe ceder paso al capital *just-in-time* como acceso al uso de la capacidad.

¿Cuánto capital posee vuestro negocio? ¿Estaríamos mejor servidos dejando que alguien distinto proporcione algunas de esas capacidades?

Capital intangible

Una tercera y última lección de Nike (para propósitos inmediatos) es que hay otras formas más valiosas de capital que no son fábricas, máquinas o incluso dinero. ¿Qué es lo que constituye hoy en día la capacidad productiva? En un número creciente de negocios, el verdadero capital es intangible. Consiste en cosas como la imagen de marca, fuertes relaciones con los clientes, el talento de los empleados, la experiencia incorporada a los procesos y sistemas empresariales, etc. Éstos son los elementos que más influyen en una producción adicional y rentable. La conclusión es muy clara: en nuestras futuras acumulaciones de valor de excedente e inversiones en capacidad de producción, tenemos que ser menos físicos. Lo tangible debe dar paso a lo intangible.

Éstos son los cambios a los que estamos asistiendo en el mundo del capital. En las siguientes secciones, les dedicaremos más tiempo conforme exploremos más a fondo el acercamiento entre depósito y flujo, bienes de producción y bienes de consumo, y la transformación de activos físicos en intangibles.

VALORAR LO QUE SE MUEVE, NO LO QUE ESTÁ QUIETO

¿Qué es lo que se convierte en fuente de valor empresarial? Anteriormente, un balance sólido era el indicador más generalmente aceptado de valor de la empresa. La medida de la grandeza de una compañía era su base de activos, constituida por toda la tierra, edificios, equipamiento y existencias de los que fuera directa propietaria. El balance de situación sumaba todas esas propiedades, junto con todas las deudas existentes. Como una fotografía, retrataba la situación del negocio con toda precisión y de forma que todas las partes interesadas pudiesen comprender.

Pero, al igual que con la fotografía, el balance describía sólo un punto a la vez. No indicaba nada sobre las tendencias alcistas o bajistas. No proporcionaba un contexto en el que realizar predicciones de futuro. En muchos casos, pintaba una escena mucho más optimista que lo que ocurría en realidad; las cuentas más importantes de una empresa podían estarse pasando a la competencia, su fuerza de trabajo podía estar en huelga, pero sin embargo el valor de la empresa permanecía intacto. En otros casos, las empresas se veían perjudicadas por sus estados de cuentas. Una empresa con un producto revolucionario podía estar experimentando rápidas ventas con un alto margen de beneficios, pero, debido a las deudas contraídas durante la investigación y desarrollo, podría parecer que estaba casi arruinada. Imaginemos que poseemos la gallina de los huevos de oro. El balance de situación reflejaría la producción de una gallina, pero no asignaría valor a las expectativas de futuro, y por tanto no serviría de nada.

En el último medio siglo, la mayor parte de los hombres de negocios se ha dado cuenta de que resulta más útil centrarse en el flujo y el cambio, y no en el depósito y lo estático. Junto con este descubrimiento se produjo el surgimiento de la declaración de renta como indicador del valor empresarial. La declaración de ingresos, por supuesto, es una especie de elaborada nota a pie de página que muestra cómo llegó la compañía a la línea de «ingresos retenidos»; un concepto de «depósito», no un flujo, en el balance. Mientras que el balance de situación muestra los balances a una fecha concreta, la declaración de renta muestra el fujo de actividad y las transacciones durante un período concreto de tiempo. Como tal, refleja de manera mucho más rica la verdadera situación del negocio. La futura acumulación de valor está claramente más estrechamente relacionada con los ingresos que con los activos. Como consecuencia, empezó a aumentar la deuda como proporción del capital social, porque una compañía no se valoraba por su valor neto, una medida del capital que posee libre de deudas, sino por los ingresos que puede generar. El beneficio por acción sustituyó al beneficio por activo como medida dominante.[3]

Ahora el interés está volviendo a cambiar. Las personas que analizan el valor empresarial están más interesadas en las perspectivas futuras que en la situación actual. El cambio es drástico en Wall Street, donde las evaluaciones de las empresas se reflejan en los precios de sus acciones. Nadie ha dejado de observar el hecho de

3. De nuevo, no intentamos una historia económica completa. Muchos cambios institucionales facilitaron el crecimiento de los índices deuda-capital social.

que estos precios están produciendo capitalizaciones de mercado para muchas empresas que exceden sus valores contables. De promedio, la capitalización de mercado de una empresa que cotiza en la Bolsa de Nueva York es dos veces y medio su valor contable. Un inversor simplemente no alcanzaría dichos valores centrándose en el flujo que indica la declaración de ingresos (mucho menos los activos que aparecen en el balance). ¿Wall Street está sufriendo otro ataque de exuberancia irracional? No. Es sólo que, cuando empieza a analizar el valor, Wall Street no se fija en los activos, ni tampoco en los ingresos. Los inversores buscan sobre todo una promesa de crecimiento.

La tabla de la página siguiente resume cómo han cambiado los métodos para valorar una empresa, e intenta aclarar el cambio mediante analogías tomadas de la física y las matemáticas. De nuevo, cuando los hombres de negocios intentan asignar un valor a una compañía, se pueden centrar en sus activos, sus ingresos o su índice de crecimiento. Éstas son, respectivamente, expresiones del depósito, el flujo y la aceleración. Por analogía, imaginémonos en las carreras de coches realizando una apuesta después de que el disparo de la pistola haya indicado el comienzo de la carrera. Podemos mirar las posiciones relativas de los coches en ese momento, aunque probablemente no resulte muy útil, ya que todavía es pronto y el que está en primera posición no tiene una ventaja significativa. Es mejor concentrarse en la velocidad relativa de los coches en el momento en el que realizamos la apuesta. Pero si se puede, el factor realmente útil que hay que conocer será el índice relativo de aceleración. El coche que alcance una velocidad adicional más rápidamente es el que tiene más probabilidades de ganar. En términos matemáticos, el cambio es pasar de concentrarse en un único número a centrarse en un derivado de dicho número, y después a centrarse en un segundo derivado del número original.

Yugi Ijiri, de Carnegie Mellon, se dio cuenta muy pronto de este cambio; durante la pasada década, estuvo refinando otra nueva propuesta al conjunto ya existente de declaraciones financieras. El propósito de esta suma es reflejar el impulso del cambio en la empresa (ese segundo derivado). Se refiere al sistema que está construyendo como «contabilidad de triple entrada» porque su declaración de aceleración influirá en la declaración de ingresos tanto como la declaración de ingresos influye en el balance.[4]

4. Yugi Ijiri, *Momentum Accounting and Triple-Entry Booking*, American Accounting Association, 1989.

EL BLUR DEL CAPITAL					
Tipo de capital	**Interés de la evaluación**	**Quién se centra en ello**	**Concepto económico**	**Analogía física**	**Analogía matemática**
Físico	Activos	Los auditores	Depósito	Situación	Número
Financiero	Ingresos	Los analistas	Flujo	Velocidad	Primer derivado
Intelectual	Crecimiento	Los capitalistas de empresas de riesgo, los simuladores	Aceleración	Aceleración	Segundo derivado

Consiguiendo que el capital se mueva

¿Qué significa todo esto para el capital en un mundo nuevo? Hace unas páginas, cuando os aconsejábamos aligerar vuestra empresa y utilizar el capital de otros, probablemente os preguntabais qué hacer si elegíais ser el que lleva el bolso. Primero, aceptar que el capital en el sentido tradicional es un dios falso. No tiene sentido apilar grandes cantidades de activos físicos porque sí. Tienen poco valor intrínseco. Hemos oído a menudo que un cuerpo humano, valorado por la suma de sus elementos, sobre todo agua con partículas de elementos químicos semivaliosos, vale aproximadamente dos dólares. Lo mismo vale para las empresas: la propiedad de los activos genera poco valor. Es lo que se hace con ellos lo que cuenta. En reposo, se oxidan o estropean y, en última instancia, se convierten, como el cuerpo humano, en polvo. Sin embargo, si ponemos esos activos en movimiento, se crea un valor vivo.

Segundo, y más importante, esto significa que cada parte de capital que se posee debe mantenerse no sólo en movimiento constante, sino a un paso cada vez más rápido. Cuanto más rápido trabaje el capital, menos cantidad se necesita. Esto se aplica al capital físico así como al capital financiero. Tan sólo en los sistemas en que las existencias descansan improductivamente en las estanterías se necesita una gran cantidad. Esto significa, por ejemplo, que si tenemos la habilidad de cortar y coser el cuero, no hay que convertirse en un recurso cautivo de Nike, sino crear una red económica propia para New Balance, Tannery, Hermès, etc., para poder mantener nuestros bienes de capital en constante movimiento (conexión) y aprender de cada una de las empresas para las que trabajamos (intangibles).

Cuando la materia se acelera hacia la velocidad de la luz, gana masa ($E/c^2 = m$). De la misma forma, conforme los ingresos se mueven cada vez más rápidamente, en algún momento ganan el peso económico del capital. Por tanto, se puede pedir prestado con la promesa de una corriente aceleradora de ingresos, como han hecho Marimba, Mainspring y muchas otras empresas que han iniciado su andadura en Internet. Por eso, si poseemos los bonos David Bowie a los que nos referíamos en el capítulo anterior, podremos dejar un porcentaje de su corriente de ingresos a nuestros herederos. *Cuando decidimos poseer y gestionar capital, hay que valorar lo que se mueve, no lo que está quieto.*

El acercamiento entre bienes de capital y bienes de consumo

La manera más fácil de comprender la diferencia entre bienes de capital y bienes de consumo es entender su yin y yang. Los bienes de capital son la capacidad física que permite la producción de bienes para el consumo. Tradicionalmente, era fácil distinguirlos porque los bienes de consumo eran efímeros, mientras que los bienes de capital eran duraderos. El detergente que comprábamos en la tienda se consumía en un mes; las cubas utilizadas para su fabricación se quedan en su sitio durante décadas. De hecho, el concepto de duración se incorpora a la definición contable de capital. Para que un bien comprado sea «capitalizado» en el balance de situación, tiene que permanecer durante al menos un año.

Sin embargo, esta vieja y fiable diferencia se está volviendo más sutil. Dada la velocidad con la que cambian los negocios y las líneas de producto, está claro que lo que en su día se consideraba duradero actualmente lo es mucho menos. Las herramientas de una máquina del año pasado no tendrán probablemente más mercado que la moda del año pasado, y resultan tan inútiles como el pan del año pasado. Duradero también es un concepto problemático cuando una parte tan importante de la capacidad productiva se compone de activos intangibles. Los controles programables que figuran en un equipo de una cadena de montaje constituyen un buen ejemplo. Plantean la cuestión de qué parte es duradera y qué parte es evanescente. El hardware dura más y vale cada vez menos que el intangible más valioso y de más corta vida: el software.

Finalmente, añadir conectividad plantea sus propios problemas a la diferencia entre bienes de capital y bienes de consumo. Cuando el chip del coche permanece conectado al ordenador de la fábrica, ¿dónde termina el bien de capital y empieza el bien de consumo?

Lo importante aquí es que los bienes de capital se comportan más a menudo como bienes de consumo. Una conclusión es que cualquier adquisición debe sopesarse cuidadosamente, con la expectativa de que empezará a quedarse obsoleta inmediatamente (por ejemplo, hay que centrarse en la aceleración, no en la velocidad). Incluso más sorprendentemente, significa que deberíamos trabajar activamente para *minimizar* la duración de los bienes de capital. En otras palabras, sacarles todo el provecho posible mientras el beneficio sea rentable.

El consejo básico se traduce en cuatro axiomas sobre el capital en un mundo confuso:

1. Utilízalo, no lo poseas.
2. Si lo posees, aprovéchalo al máximo.
3. Diseña para desechar.
4. Diseña para reconfigurar.

Analicemos estos elementos en detalle.

Utilízalo, no lo poseas

«La posesión pertenece casi exclusivamente al pasado» es otra forma de decir que la mejor forma de evitar los peligros de que el capital se quede obsoleto es no poseerlo. Por supuesto, ésta es la idea que está propulsando el rápido crecimiento del negocio de contratar a especialistas de fuera de la empresa. Ello significa simplemente enviar al exterior trabajo que se solía hacer en la propia empresa, y tiene sentido en cualquier departamento con grandes exigencias de capital pero que no sea realmente vital para el negocio (o que no se necesita todo el tiempo, por lo que no hace falta contratar personal fijo). Desde hace ya un tiempo, es habitual que los fabricantes subcontraten los envíos. Otras funciones que suelen seguir este sistema son la investigación, la publicidad, la distribución, el mantenimiento y el control de las nóminas. La New England, una empresa de seguros de Boston, decidió en 1992 simplificar su balance contratando en el exterior toda su función de marketing. Lo hizo convirtiendo el antiguo departamento en una entidad distinta, que tuvo entonces a New England como su mayor, aunque no único cliente.

Contratar servicios fuera de la empresa ha sido habitual en los últimos años en el campo de la gestión de sistemas de información. Aquí, la motivación es más interesante y más relacionada con el fenómeno del BLUR. Después de todo, pocas empresas dirían que su información no es importante para su negocio. Para muchos, renunciar al control de la información de la empresa equivale a entregar las joyas de la Corona. La mayoría también se reiría ante la sugerencia de que la gestión de los sistemas de información no es una necesidad constante. Pero contratar fuera sigue siendo una buena política. Primero, por la gran cantidad de capital que necesita la gestión de la información y, segundo, porque los ordenadores necesarios para esa función se quedan inmediatamente obsoletos. El coste de tener que cambiar de equipo es inmenso, y ni siquiera constituye el peor problema. Lo realmente difícil es la gente. La rápida evolución de ese mercado hace que sus conocimientos queden tan obsoletos como su equipamiento e introduce nuevos riesgos para la integridad y la seguridad de la información. Además, ¿qué superestrella de los sistemas de información quiere trabajar para una empresa que sólo lo considere una función de apoyo?

Por supuesto, la conectividad en la economía es lo que hace posible y preferible contratar fuera eficazmente la gestión de los sistemas de información y otras importantes funciones. Es también lo que permitirá eliminar más actividades y todo el capital que exige de las instalaciones de la empresa y del balance. Esas decisiones no se limitan al mundo de la informática, ya que el primer impulso de los directivos es contratar fuera todo tipo de tareas. En el mundo del BLUR, la norma es: no poseas nada, a menos que se trate de tu capacidad central. Incluso en ese caso, consumirlo lo más rápidamente posible constituirá el camino hacia el éxito. Tal vez siga siendo cierto que las instalaciones físicas son el ancla de la empresa, pero las anclas no son necesarias cuando el objetivo es avanzar rápidamente.

Si lo posees, aprovéchalo al máximo

Ahora echemos un vistazo a la otra cara de la moneda de la decisión de contratar servicios fuera de la empresa. Para aquellos que eligen estar en negocios que necesitan importantes inversiones de capital, lo importante es extraer todo el valor posible de lo adquirido antes de que se vuelva obsoleto. Por supuesto, aprovechar el capital no es nada nuevo. Por eso, McDonald's empezó a servir desayunos después de décadas de ofrecer sólo almuerzos y cenas a base de hamburguesas. Pero el asunto no es utilizar los activos durante muchas horas todos los días. En lugar de ello, lo que se pretende es saber cuándo llegará una nueva tecnología que convierta el equipo que ahora poseemos en algo menos valioso o incluso en un pasivo.

Por supuesto, todo esto explica la estrategia de empresas como EDS y Perot Systems, que se especializan en servicios que otras empresas contratan fuera. Dentro de tres años, los ordenadores que poseen sólo servirán como pisapapeles; el objetivo es utilizarlos más que los demás haciéndolos trabajar las 24 horas del día. Eso significa vender a todo aquel que llega hasta aprovechar el último bit de capacidad. Igual de importante es calcular exactamente el valor de intercambio del equipo a tres años vista, ya que los beneficios pueden depender del valor residual de esos ordenadores ya anticuados.

El mismo tipo de economía sirve para el negocio de la imprenta. Éste es un sector que ha sido completamente reinventado por la tecnología en la última década, y el ritmo de cambio sigue aumentando. Las prensas se siguen construyendo para que duren, y una buena servirá para veinte años, pero dentro de tres años, sus defectos ya serán obvios. Mientras tanto, hay que mantenerla en funcionamiento.

Todas las inversiones en bienes de capital se están pareciendo a las inversiones inmobiliarias en que, aunque el edificio siga siendo estructuralmente válido, un cambio en el tipo de vecindario puede mandarlo todo al garete. Pensemos en la inversión necesaria para fabricar el chip de memoria más innovador. Cuando 32 megabytes es lo máximo, la gratificación es alta, pero sólo hasta que llega el megachip de 64 megas. Así funcionan las cosas. Nuestra dirección se mueve de una comunidad informática muy animada a un vecindario de clase media en franco declive. Hay que reconvertir de nuevo la tecnología ya obsoleta en un hallazgo que permita hablar a las tarjetas de felicitación.

Digamos que tenemos la patente para el mayor descubrimiento comercial desde las muñecas de Cabbage Patch. Hay muchas posibilidades de que vuestro invento ya no sirva de nada dentro de un año. Lo último que hay que hacer es guardarlo para nosotros mismos. Para extraer todo su valor posible, hay que llegar a contratos de licencias por todas partes. Eso es lo que hizo Investcorp cuando compró y resucitó el negocio de accesorios de moda de la marca Gucci, que estaba en franca decadencia. Adivinó una marca fuerte capaz de llevar una línea de producto más amplia que lo que producía la compañía original. Hoy en día, hay relojes y perfumes Gucci a juego con sus famosos zapatos y pañuelos. No hay que confundirse, las marcas constituyen un capital. Representan valor de excedente acumulado y convertido en lealtad, lo que se traduce en costes de publicidad más bajos, precios más altos o una mayor cuota de mercado.

Nuestro criterio, es decir, invertir en bienes de capital de valor, reconvertirlo y desbrozarlo deleitará sin duda a un ludita. Y sí, suena irresponsable, incluso cínico. Pero el hecho es que no hay opción; hoy en día, el capital tiene que vivir deprisa y morir joven. Así que hay que cambiar de perspectiva e ir más allá. Si, de todas formas, la vela va a durar más que la noche, entonces es mejor quemarla por los dos extremos, y disfrutar de esa luz tan intensa mientras sea posible.

Diseñar para desechar

Los expertos en moda que habitan entre nosotros siempre han sabido que no hay que molestarse en aplicar cortes perfectos a los artículos de moda. Si se van a quedar desfasados dentro de seis meses, ¿por qué pagar el precio de algo duradero? La misma opinión dirige ahora la fabricación de otros bienes de consumo: relojes, cámaras y teléfonos, que antaño se clasificaban como objetos duraderos de consumo, y que seguro que conformarán los bienes de capital del futuro.

En algunos casos, serán los bienes de capital los que estarán destinados a quedar obsoletos rápidamente; en otros casos, serán los bienes de consumo que el equipo debe producir.

Diseñar para reconfigurar

Las mejores inversiones del capital serán en equipos y capacidades que hayan demostrado ser lo suficientemente sólidos como para soportar una línea de producto en constante cambio. Partiendo de la base de que se pueda prever la dirección que tomarán las ofertas futuras, tiene sentido diseñar medios de producción que anticipen el cambio. Por supuesto, las cadenas de montaje de automóviles ya lo ponen en práctica. Sería ridículo tener que reconfigurar y reorganizar la fábrica cada año con la aparición de nuevos modelos. En lugar de un número concreto de «puntos difíciles» que no se pueden cambiar, la cadena está diseñada para adaptarse a nuevas caracterísitcas sin añadir demasiados costes. Por supuesto, como el software representa más que el valor de un coche, tanto el software diseñado para la producción flexible como el software incorporado a todos los sistemas del coche, esto se vuelve mucho más fácil.

En la industria informática, diseñar para la reconfigurabilidad es fundamental para la competitividad. Con unos ciclos de vida de los productos que se miden en meses, las empresas de tecnología no tienen tiempo de revisar su infraestructura entre apariciones de distintos productos. Lo más novedoso en la actualidad es establecer «plataformas de producto», que se preparan simultáneamente para importantes innovaciones del producto y para los siguientes productos derivados que generará. Las plataformas no sólo funcionan para los ordenadores y los automóviles; todas las inversiones en diseño pueden considerarse una plataforma. Los aviones llevan mucho tiempo diseñándose de esta manera. El Boeing 747, por ejemplo, era una plataforma para distintas versiones de lo que era básicamente el mismo avión. Seiko diseñó fábricas de relojes que produjeran cantidades enormes de estilos de corta vida, todos ellos basados en tan sólo una gama de estilos básicos. George Lucas tal vez no sabía que tenía una plataforma cuando creó la Guerra de las Galaxias, pero hoy en día el valor acumulado de la visión compartida de la Federación se gestiona igual que un avión Boeing, es una plataforma con relaciones internacionales y una planificación de mercado a largo alcance.

De vuelta en tierra, el espacio de la oficina es el último candidato a una reconfiguración total. Lo que empezó siendo unos cubículos prefabricados se ha convertido en paredes totalmente móviles, archivos rodantes y redes sin cables. La tendencia hacia el concepto de «hotel» es clara: asigna espacio a cada individuo según sus necesidades. Día a día, cambian los vecinos de oficina. Al mismo tiempo, nuevos estilos de trabajo exigen espacios más flexibles. Muchas empresas, esperando alentar el trabajo en equipo, crean espacios que puedan apoyar tareas privadas y concretas, pero que también puedan adaptarse rápidamente para albergar discusiones y celebraciones de grupos numerosos. ¿Recordáis que aconsejamos en el capítulo 2 actualizar las mejoras de calidad para mantener fresca la oferta? Esto se aplica también al capital, aunque resulta más fácil en unos casos que en otros. El capital de software, el equipo de producción, es relativamente sencillo de mejorar, por supuesto. Simplemente hay que cargar la nueva entrega de C++ o Visual Basic, los entornos de desarrollo que representan capital en dicha industria. En el mundo de los bienes tangibles, sin embargo, los sistemas flexibles de fabricación tendrán que volverse bastante más flexibles.

Antes de dar por terminado este capítulo, una observación importante: las personas también constituyen una plataforma. Lo que saben y lo que pueden hacer es como un conjunto actualizado de herramientas. La conclusión es que sus conocimientos deben aprovecharse al máximo antes de que se vuelvan obsoletos, y deben renovarse constantemente si la plataforma desea conservar su poder productivo.

La transformación de los activos tangibles en intangibles

Al principio de este capítulo, defendimos apasionadamente que el capital ya no constituía la base del valor empresarial. Ahora vamos a atemperar en cierto modo esta declaración. La verdad es que el capital, en el sentido tradicional de fábricas, equipos de producción y financiación, no es para tanto. Pero el capital en las nuevas formas que está adoptando se ha convertido en más importante que nunca para el valor empresarial.

¿Cuáles son las nuevas formas de capital? El año pasado oímos hablar sobre todo de tres: capital intelectual, capital humano y capital estructural. Brevemente, el capital intelectual es la fuerza del talento de la empresa, codificada y trasladada de forma explícita y transferible en un software o un documento. El capital humano es el valor de las relaciones de los trabajadores (con los clientes o expertos, por ejemplo) y sus conocimientos tácitos, la experiencia acumulada pero no articulada que guía las grandes y pequeñas decisiones. El capital estructural es la experiencia y pericia de la organización encarnada en los procesos, políticas y sistemas. Los tres son intangibles y difíciles de medir, pero ¿se puede negar que sean los verdaderos motores de los beneficios en la economía actual?

Sin embargo, llamar capital a algo no es sólo decir que es importante. Recordemos que el capital es capacidad productiva acumulada, y que empezó con una infraestructura puramente física junto a la cual crecieron unos mecanismos financieros como un sistema sombra. ¿Cuándo entró el dinero en metálico como forma de capital? Para propósitos prácticos, fue cuando las instituciones dedicadas a ello aparecieron en escena: los bancos y las compañías de seguros, cuyo negocio es cuantificarlo, gestionarlo y proporcionarlo. De la misma manera, conforme la información empezó a ser ampliamente considerada como forma de capital, no fue casualidad que empresas como Dun & Bradstreet y el gran abuelo de las agencias de noticias, Reuters, surgieran para captarlo y hacerlo disponible. El siguiente paso es lógico: vemos que nuevas instituciones y mecanismos hacen negocio con la gestión de capital humano, intelectual y estructural.

Capital intelectual

El más viejo de los tres es el capital intelectual, que ha constituido tema de conversación en los círculos empresariales durante bastantes años. Como cualquier gran forma de capital, tiene sus apologistas. Algunos de los más importantes autores son Ikujiro Nonaka, Hirotaka Takeuchi y Takeuchi Nokada (*The Knowledge-Creating Company*), James Brian Quinn (*Intelligent Enterprise*), Tom Stewart (*Intellectual Capital*), Tom Davenport (*Working Knowledge*) y Karl Sveiby (*Managing Knowhow*). Todos ellos tienen ideas valiosas e importantes y una variedad de distintas definiciones concretas que ofrecer sobre el papel que desempeñan los conocimientos en los negocios. Todos coinciden en el concepto básico de que la competitividad de una empresa consiste más que nada en lo que sabe, cómo utiliza lo que sabe y la velocidad con que puede aprender algo nuevo.

Desde luego, no faltan instituciones dedicadas a captar, gestionar y proporcionar capital intelectual. Sobre la base más directa, éste ha sido siempre el campo de los despachos de abogados centrados en las leyes de patentes. Después de todo, la patente es la forma de capital intelectual más claramente codificable y mensurable. De forma más amplia, las firmas de consultoría existen puramente como receptáculos de conocimiento especializado a la venta. No constituye ninguna sorpresa que también sean los líderes en el uso de tecnologías innovadoras y enfoques de gestión diseñados para la transferencia de conocimientos internos. Actualmente, esta forma de capital está atravesando un cambio desde un enfoque de producción artesanal, mediante el que los individuos con dichas habilidades son la principal fuente de valor, a un enfoque de producción en masa, mediante el cual los conocimientos están comprendidos en las herramientas. En el siglo XIX, los troqueles, plantillas y, en última instancia, las líneas de transferencia eran la forma del capital intelectual. Hoy en día, empresas como SAP, Oracle y Baan están produciendo la nueva forma de herramienta, los denominados paquetes de reorganización empresarial, que permiten un uso masivo del capital intelectual. Algunas empresas tienen ofertas que recuerdan servicios de información más tradicionales pero que añaden un nivel de riqueza que les hace estar basados en el conocimiento. Teltech, como ya hemos mencionado anteriormente, es una empresa que proporciona a ingenieros y científicos unos conocimientos técnicos de vanguardia. Un cliente típico es el Instituto de Investigación Farmacéutica R. W. Johnson, donde los farmacólogos trabajan para descubrir nuevos medicamentos. Teltech no es simplemente un servicio de transmisión, sino que responde a consultas individuales con acceso personalizado a los expertos. El conocimiento se proporciona a su debido tiempo, lo que convierte este servicio en una herramienta muy útil.

Un trabajo que ha surgido gracias a este tipo de BLUR es el del investigador por cuenta propia. Reva Basch, una bibliotecaria avezada, se gana la vida en casa, buscando en Internet respuestas a preguntas de clientes con los que nunca hablará. Éstas incluyen temas tan variados como las diferencias entre hombre y mujer en la percepción de los colores, el mercado de gafas de sol, las investigaciones sobre el Alzheimer y el primer uso registrado del término «marketing de guerrilla». A menos que suene el teléfono, es posible que no hable en todo el día con ningún ser humano. Pero tiene la capacidad de encontrar en cuestión de minutos lo que a otra persona le podría costar horas, o incluso días, encontrar en la biblioteca, suponiendo que la información esté allí.[5] Basch envía su informe, cobra al cliente, y sigue adelante. Ella simboliza a un proveedor de capital puramente intelectual.

Capital humano

El capital humano es un asunto más complejo. Aquí hablamos de material que es incluso más difícil de extraer de la gente que las habilidades que poseen o los hechos que conocen. Hablamos de las relaciones que tienen con otras personas y la estima en que se las tiene. Si conocéis a un buen vendedor o a un líder eficaz, conocéis el valor del capital humano, y seguramente estaréis de acuerdo en que no es transferible. En mucha mayor medida que el capital intelectual, está mezclado con la emoción, el ambiente cultural, la ética e incluso la fisiología básica.

El capital humano siempre ha tenido sus instituciones: los clubs de campo y los restaurantes de comidas de negocios donde se rea-

5. Reva Basch, «Life Online», en *Beyond Cyber Punk*, Hypercard Stack, Gareth Branwyn, 1991.

lizan las ventas de forma más sutil y se amplían las redes sociales. Pero no es justo decir que estas instituciones existen para gestionar y proporcionar capital humano para los negocios. Tal vez eso sea cierto en el caso de las asociaciones industriales y sociedades profesionales, cuyas reuniones y congresos van principalmente encaminados al establecimiento de relaciones. El negocio de los congresos en general se mueve en esa dirección, aunque algunos tienen más poder de convocatoria de estrellas que otros. Eventos anuales como el Foro Económico Mundial celebrado en Davos, Suiza, son exclusivos y muy caros precisamente por el tipo de personalidades que acuden. El acontecimiento se centra en codearse con las personas más inteligentes y triunfadoras del campo de la tecnología, el entretenimiento y el diseño. Richard Saul Wurman, que dirige estos congresos, denomina al acontecimiento de Davos «la cena a la que me gustaría que me invitaran». Pensad en ello. La gente llega, habla y se marcha. Nada ha cambiado de manos entre ellos y sin embargo se ha creado capital humano.

Sin embargo, en otro ámbito, el ejemplo más interesante que hemos visto de un nuevo negocio dedicado al capital humano es Planet All, una nueva empresa comercial de la World Wide Web. Exige que los nuevos clientes cataloguen todas sus relaciones existentes. Planet All ayuda a mantener esas relaciones con servicios como comparaciones de agendas y recordatorios de cumpleaños. Por ejemplo, si nuestro siguiente viaje de negocios nos exige estar seis horas de descanso en París, el programa nos sugiere que tal vez nos interese encontrarnos con Bill, que lleva allí destinado dos años. También ayuda a los clientes a ampliar su número de relaciones, identificando a los amigos que se tienen en común con otras personas, y nos muestra la forma de realizar nuevos contactos potencialmente valiosos. Más que el resto de ejemplos que hemos analizado, indica que el capital de relaciones se percibe como algo que se puede codificar, gestionar y rentabilizar.

Capital estructural

Según Tom Stewart, miembro del consejo de editores de *Fortune*: «El capital estructural es conocimiento que no se va a casa por la noche». También es un bolso enorme lleno de cosas, incluidos todos los procesos de negocios estándar de las empresas, los sistemas y las políticas que representan la acumulación de experiencia y aprendizaje de muchas personas a lo largo de los años. En una empresa o sociedad madura, la mayor parte del capital estructural engulle a la mayor parte del personal que trabaja en una empresa. Imaginemos llegar a una empresa donde todavía nadie ha descubierto cómo se paga el alquiler, se asignan los números de teléfono, etc. Es la capacidad de la infraestructura la que encarna cómo se hacen las cosas, y las desarrolla o, probablemente, mira cómo se desarrolla a sí misma, durante sucesivas generaciones de trabajadores. En las mejores empresas, se supervisa y comprueba constantemente el capital estructural. Al igual que cualquier otra forma de capital, queda obsoleto rápidamente. Pero, demasiado a menudo, está tan integrado y tan poco cuestionado que se convierte en una infraestructura inútil. La famosa analogía es pavimentar los viejos caminos de cabras.

¿Cuáles son las nuevas instituciones del capital estructural? Nos vienen a la cabeza algunas obvias. Primero, podríamos citar el aumento de los consorcios de referencia como la Asociación Americana de Control de Calidad (ASQC) y el Centro Americano de Productividad y Calidad (APQC). Estas dos organizaciones existen para ayudar a sus miembros a organizar los procesos empresariales que ya están en proceso y para ayudarles a alcanzar lo más rápidamente posible lo que se considera la «mejor práctica». Como ya se ha observado, se ha producido el reciente y sorprendente surgimiento de SAP AG, el fabricante alemán de software. El software de SAP es fundamentalmente una plantilla para una excelente integración de los procesos de la cadena de abastecimiento como la adquisición, la gestión de inventario, la producción y la distribución. En el pasado, las compañías hacían esto por su cuenta, con grados distintos de éxito. Después, los consultores ofrecieron soluciones basadas en el capital. Hoy en día, las empresas que compran acciones de SAP están comprando la acumulación de SAP de gran capital estructural. De nuevo, la aparición de una institución como SAP refleja el creciente reconocimiento de un nuevo tipo de capital que se puede captar, gestionar y vender.

Atención, por favor

La idea que subyace a la identificación de los activos intelectuales, humanos y estructurales como formas de capital ha sido brillante e incluso revolucionaria. Es cierto que éstos constituyen la auténtica capacidad productiva en la economía actual, y que cada uno de ellos ha madurado hasta el punto de que es posible acumular excedente. Pero, al igual que sus predecesores, no hay nada sagrado en ellos. Conforme nuevas cosas se convierten en escasas, valiosas y gestionables, tendremos todavía más nuevas formas de capital para invertir. Pero no hay que alarmarse, no será información lo que falte. Se multiplica sin cargo alguno y por tanto no se puede decir que esté amenazada por la escasez. Sin embargo, lo que es difícil de encontrar es tiempo suficiente para usar toda esa información. Analicemos ahora el auténtico y cada vez más escaso recurso: la atención.

Pensemos en ello: ¿cuántos mensajes recibimos por cuántos medios distintos todos los días? ¿Cuántas tareas hay que atender, comparado con hace una década? A nivel individual, algunas de nuestras decisiones más importantes tienen que ver con la elección del objeto al que prestamos atención. Para los negocios que intentan comunicar con los clientes, y sobre todo para los que intentan llegar a clientes potenciales, la escasez de atención es un asunto vital. De la misma forma, captar la atención de un comprador es la parte más difícil del proceso de venta.

Un vicepresidente de una de las mayores compañías de seguros del mundo nos confesó recientemente que eran incapaces de obtener grandes beneficios de su negocio principal. Sin embargo, muchas otras empresas están deseando invertir en ese negocio. De forma similar, las empresas que empiezan en Silicon Valley tienen que ahuyentar a futuros inversores debido al creciente sobreabastecimiento de capital financiero. Repetimos: *hay más dinero circulando que atención competente para aprovecharlo al máximo*. Esto significa dos cosas: primero, el rendimiento del capital, tradicionalmente calculado por el beneficio sobre la acción, será cada vez más bajo conforme declina la escasez de capital financiero. En segundo lugar, los beneficios sobre la atención se medirán con tanto cuidado como en sus tiempos los beneficios sobre la acción.

Afortunadamente, los aspectos de la gestión del capital de la atención están actualmente más maduros que la gestión de otros activos intangibles. Principalmente, esto se debe a que ya hay negocios que se dedican a eso, y abundan los expertos en la materia. Los sectores de la publicidad y del entretenimiento siempre se han concentrado en el uso y captación de la atención. Su importancia no hará sino aumentar, junto con el alcance de sus servicios y el tipo de clientes. Los ingenieros eran los reyes cuando el valor añadido residía en el capital físico, y los banqueros eran los amos del universo en los albores del capital financiero. Hoy en día, el mayor talento en los negocios de la atención aparecerá en la siguiente década. Después de todo, ¿qué es una celebridad sino alguien que se gana la vida por su capacidad de atraer la atención y reorientarla a un patrocinador o un producto? En ocasiones el producto está ligado a la celebridad (un vídeo de Michael Jackson, por ejemplo) y a veces no (como los futbolistas que abren concesionarios de coches).

Mientras tanto, ya hemos visto una pequeña empresa, de nuevo, presente en Internet, que se dedica a un negocio que tiene al capital de atención explícitamente como objetivo principal. Seth Godin fundó Yoyodyne basándose en una gran idea: en un mundo sobrecargado de información, es mucho más fácil enviar publicidad a los consumidores cuando ya se ha obtenido su permiso. Este concepto ha llevado a una nueva posibilidad: *la publicidad consentida*. Como explica Godin, el concepto funciona de la siguiente manera: un chico decide que le gustaría casarse. Acude a Barney's y paga 2,55 dólares por un traje de Armani, 95 por una corbata de Zegna, etc. Después se dirige a los locales de moda del este de Nueva York, proponiendo matrimonio a toda mujer que se encuentra por el camino. Después de dos meses de intentos infructuosos, acude a Bergdorf Goodman y paga 3.000 dólares por un traje de Brioni y vuelve a empezar. Godin dice que esto se parece a la publicidad. Gastas mucho para disfrazar el mensaje y luego entregárselo a gente a la que no le interesa.

Por el contrario, una mujer con el mismo objetivo en mente pero una inteligencia más despierta piensa en sus conocimientos sobre puros, acude a un club de puros y enciende una cerilla si el chico de sus sueños necesita fuego. Si acepta, tal vez le pregunte por sus preferencias tabaqueras... tal vez la cosa no funcione, pero si termina en campanas de boda, es porque él le dio permiso para continuar.

Yoyodyne hace esto con sus clientes comerciales y con los consumidores. Produce juegos en línea para varios clientes, incluidos KPMG Peat Marwick (Ernst & Young se sumó a esta oferta recientemente), dirigidos a estudiantes universitarios. En el caso de KPMG, los anuncios adoptan la forma de mensajes de contratación que los jugadores están de acuerdo implícitamente en mirar cuando se ponen de acuerdo para competir por una cantidad de dinero que puede llegar a miles de dólares. Todo el mundo es un ganador en potencia. KPMG capta la atención de chicos listos en un mercado laboral repleto de demandas de atención a los estudiantes. Los estudiantes consiguen entretenerse y establecer contactos con posibles empleadores. Otro ejemplo de publicidad consentida con sede en Internet es Cybergold, una empresa que paga a la gente en metálico, generalmente un dólar, por mirar anuncios. En ese caso, pagan dinero a cambio de atención.

Es divertido imaginar los nuevos desarrollos que tendrán lugar conforme el capital de atención desarrolle toda su capacidad. ¿Surgirán nuevas herramientas para gestionarlo, tan importantes como lo fueron en su día las hojas de cálculo para el mundo de las finanzas? Imaginémonos consiguiendo, o necesitando, informes periódicos sobre a qué dedicamos nuestra atención, el beneficio que generó y cuánta atención obtuvimos. Es inevitable que aparezcan en escena toda una nueva serie de mecanismos y jugadores para ayudarnos a cada uno de nosotros a invertir nuestra atención de forma óptima.

Finalmente, en un mundo donde se entiende que el bien más escaso es la atención, ¿cómo cambiarán los códigos legales? Desde luego se considerará delictivo abusar de la atención de alguien, o molestarle en sus horas de vigilia. Pensándolo bien, no es mejor que robar algo tan personal que no tiene precio. ¿No os gustaría que multasen a los empleados de telemarketing que llaman a la hora de cenar? Pensemos en la última vez que nos pilló un atasco de kilómetros y luego averiguamos su causa: una línea de conos color naranja durante un kilómetro, un trabajador de la construcción y un tipo con una bandera. En ese momento, ¿hubierais sido receptivos a poner una demanda judicial? De hecho, las acciones legales contra aquellos que nos hacen perder el tiempo tienen precedentes. Los viajeros de tren del mundo entero se quedarán maravillados ante los 10.000 dólares de multa que impone el gobierno japonés a la familia de cualquiera que salte ante un tren bala. El mensaje: aunque trágica, la decisión de suicidarse no conlleva el derecho de robar la atención de miles de personas.

¿Qué es más escaso que el dinero?

¿Así que puede ocurrir? ¿Cosas como el conocimiento y la atención a tiempo pueden ser acumulados seriamente como capacidad productiva? Estas formas nuevas de capital que ahora se encuentran relativamente a la sombra ¿tomarán vida propia y eclipsarán en última instancia al capital financiero? Ya estamos asistiendo a las primeras fases del cambio. Se están creando nuevas instituciones para aportar rigor y propósito al capital intelectual, humano, estructural y de atención. Al mismo tiempo, como ya hemos observado, el capital financiero, durante mucho tiempo el recurso más escaso, ya no es tan escaso. Conversación tras conversación, oímos a importantes inversores quejarse de que tienen fondos para invertir pero que no generarían los suficientes beneficios. Por supuesto, los beneficios van de la mano de la escasez. Disminuyen porque, con respecto a otras formas de capital, el dinero es abundante. Preguntad a vuestros agentes de Bolsa: probablemente dirán lo mismo. Todavía mejor: preguntaos: ¿qué es lo que necesitáis en la actualidad? ¿Dinero? ¿O el tiempo necesario para prestar atención?

¿Qué capital financiero y físico está presente en vuestro balance? ¿Lo usamos rápidamente? ¿Qué hace por nosotros? ¿Mejor si perteneciera a otra persona? ¿Cómo está asignando, midiendo y valorando la atención vuestra empresa? ¿Dónde surtiría el mayor efecto una reasignación del capital de tiempo o de atención? ¿Cómo se puede generar más atención?

BLUR, LA ECONOMÍA Y NOSOTROS

Hemos retratado la economía del BLUR para vosotros. Ahora necesitáis saber qué podéis hacer vosotros. Inventaréis más cosas de las que podamos imaginar; como ya dijimos anteriormente, esperamos que os convirtáis en parte de la comunidad discutiendo cómo cambiar los negocios, y aprendiendo unos de otros, enviándonos vuestras ideas, consultándonos en la red o visitándonos en Cambridge. Mientras tanto, ahí van «50 maneras de adaptar nuestro negocio y 10 maneras de adaptarnos nosotros mismos».

QUINTA PARTE

VIVIENDO EL BLUR

8

50 MANERAS DE ADAPTAR NUESTRO NEGOCIO Y 10 MANERAS DE ADAPTARNOS NOSOTROS MISMOS

¿Qué se puede hacer de manera distinta en los negocios, la empresa y la carrera profesional para ser un triunfador en la economía del BLUR?

Hemos analizado muchas maneras de introducir el BLUR en nuestra vida empresarial y/o nuestra vida personal y, admitámoslo, las dos están relacionadas. Aquí hay 60 que nos gustan especialmente.

50 MANERAS DE ADAPTAR NUESTRO NEGOCIO

1. Hacer de la velocidad nuestro objetivo

Todo existe en la cuarta dimensión, el tiempo, pero pocas personas lo controlamos en nuestro negocio. Para reorientar nuestra manera de pensar, empecemos por calcular el tiempo de todo lo que hacemos. Después hay que decidir cuánto tiempo nos costaría reducir ese tiempo a la mitad, luego otra vez a la mitad y así sucesivamente hasta que podamos hacer eso mismo casi al instante. Por ejemplo, si normalmente introducimos un producto nuevo cada año, hay que centrarse en introducir el siguiente en seis meses, y el siguiente en tres. Hay que averiguar la manera de acelerar el cambio de concepto a cliente, desde una nueva idea de servicio a través de su desarrollo y entrega. Después hay que decidir lo que hay que hacer para reducir el tiempo empleado en esas tareas a la mitad y, ya lo habéis entendido, otra vez a la mitad. Vuestro cliente no debería esperar el servicio, ni vuestro proveedor la información necesaria, ni los socios las señales para actuar, etc. Hay que aprender a pensar en tiempo real. Establecer un objetivo para adecuarse a ese estado.

2. Conectarlo todo con todo

Hay que asegurarse de que todas las islas de un negocio se conecten unas a otras, de la misma manera que las estanterías vacías de vuestro frigorífico deberían conectarse con vuestra lista de la compra. Identificar lo que no está conectado. Por ejemplo, tal vez vuestros sistemas de información internos no están vinculados unos con otros para obtener la máxima velocidad y eficacia. Y, lo que es más difícil, también hay que conectarse a islas que van más allá de las fronteras de vuestra empresa. Vuestros clientes necesitan conectarse con vuestros técnicos, los posibles candidatos con sus probables futuros jefes. También es posible que deban conectarse con sus competidores, ya que en este nuevo mundo, tal vez dependamos de ellos como futuros socios. ¿Arriesgado? Desde luego. Conectar vuestro grupo de diseño a la base integrada de productos que habéis vendido. Algunas conexiones son extremadamente difíciles, pero cuando forman parte de un sistema conectado, generan más beneficio que costes.

3. Hacer crecer los intangibles más rápidamente que los tangibles

Averiguad qué partes y qué proporción de vuestra oferta es intangible (lo que llamamos «i») y cuáles son tangibles (lo que llamamos «t»). Después averiguad cómo aumentar los intangibles más rápidamente para incrementar la proporción i/t. Cuando hagáis una lista de los intangibles, incluid todos los servicios, todo el software y las otras formas de información, todos los elementos financieros y todas las emociones (que incluyen lealtad a la marca, relaciones con los clientes, compromiso con los empleados, etc.). Los tangibles incluyen productos reales que salen de una cadena de montaje, como ladrillos y cemento o cualquier cosa que se oxide o con la que nos podamos tropezar. Más complicado: las personas de la nómina son tangibles, mientras que lo que realmente valoramos de ellas, es decir, su experiencia, intelecto e inteligencia en su conjunto, son intangibles. El secreto del BLUR es trasladar a esas personas de la columna de tangibles a la de intangibles. Dos formas de hacerlo son la subcontratación y el contratar los servicios fuera de la empresa, tal vez comprando incluso un puesto de trabajo.

4. Añadir producto a todos los servicios

¿Cómo se ofrece servicio hoy en día? ¿Cumple las demandas de los clientes de velocidad, accesibilidad, calidad, respuesta rápida y personalización? La única manera de esperar satisfacer dichas expectativas es convertir el servicio en un producto: utilizar software, quioscos, autoservicio, engranajes de aprendizaje o telecomunicaciones para entregar servicio como un producto.

5. Añadir servicio a los productos

En el pasado, los añadidos al mero servicio eran una idea extraña para los que pertenecían al negocio de los productos. Hoy en día, hay que convertirlos en intrínsecos a la oferta. Si toda vuestra cultura empresarial se centra en «cosas», despertad. Los servicios proporcionan a menudo márgenes más altos y mayores oportunidades de crecimiento que la cosa en sí, que se queda obsoleta rápidamente. Los contratos de mantenimiento son como el modelo T. Son estupendos para mirarlos, pero aun y todo reliquias del pasado. Hoy en día, también hay que ofrecer extras como 800 números para contactos, felicitaciones y quejas. Todavía mejor, hay que convertir los ordenadores o los chips en productos duraderos. Ejemplos: los ordenadores de coches nos ayudan a navegar y conducir mejor. El nuevo reloj de Seiko nos mantiene al día sobre el precio de las acciones.

6. Gestionar todos los negocios en tiempo real

Hay que dejar de tomar decisiones basadas en lo que ocurrió la semana pasada, o incluso esta mañana. Hay que captar lo que está ocurriendo en este instante, para que se puedan realizar los ajustes necesarios sin dilación. Casi siempre, esto exigirá colocar sensores y otros mecanismos de retroalimentación en todas nuestras operaciones. En Austin Quality Foods, los sensores de los hornos de galletas calculan e informan al instante sobre los niveles de humedad. Antes de tener los sensores, el personal de control de calidad tenía que establecer frecuentes análisis fuera de la línea. Cuando había un problema, hacía falta media hora para localizarlo, durante la cual el producto subestándar seguía fuera de la cadena. Esto significaba muchas pérdidas, y siempre evitables. Ferrocarriles Centrales de Japón tiene sensores por todas sus vías, que transmiten datos al instante a una simulación en tiempo real de su red. Si se produce una avería, los gestores desvían inmediatamente el tráfico. No existe la posibilidad de que se produzca un cuello de botella. No hay que limitar este enfoque a los procesos físicos, sino controlar a cuántos candidatos se entrevistó, cuántas llamadas de ventas se realizaron o cuántos préstamos se vendieron, en tiempo real.

7. Ser capaz de hacer cualquier cosa en cualquier momento

Trabajar de nueve a cinco no existe desde hace una década. Hoy en día, lo que se estila es 24 × 365. Hoy en día, los clientes de los bancos se rebelarían si no tuvieran el acceso permanente a su dinero a través de los cajeros automáticos, los ordenadores personales o los teléfonos. Que nuestra organización funcione con ese mismo horario de 24 horas tal vez signifique que haya que desplegar ese mismo tipo de automatización, y dejar que los clientes nocturnos se sirvan a sí mismos. Pero para muchos negocios, será necesario que las operaciones se realicen a la luz del día. Chase Manhattan y otros bancos globales solían disponer de toda la noche para realizar su procesamiento por lotes. Ahora debe realizarse para Tokio antes de que empiece el día comercial en Londres.

8. Ser capaz de hacer cualquier cosa en cualquier lugar

Con la realidad de la conectividad actual, hay que ser capaz de dirigir el negocio independientemente de dónde estemos nosotros o nuestros clientes. Esto significa que hay que establecer los sistemas de ventas, servicios y apoyo para que nuestros clientes puedan acceder a ellos desde cualquier lugar, en Internet, cerca de un teléfono, al alcance de un fax o con sus PalmPilots, en cualquier parte del mundo, en tierra o a 40.000 pies. Cisco Systems lo consigue introduciendo una enorme cantidad de información de apoyo al usuario en su dirección Web, en quince idiomas distintos. Para aquellos que tienen que hablar en directo con una persona de apoyo, proporciona consejo en cualquier parte del mundo ayudado por los Servicios de Traducción de Idiomas Extranjeros de AT&T.

9. Poner la oferta en la red

Realmente, ¿estáis conectados de verdad? Seguro que tenéis una página Web, pero ¿qué parte de vuestro negocio está disponible cuando vuestros clientes pulsan esa tecla? Poner la oferta al «alcance del deseo» de los usuarios permitió a Coca-Cola construir un imperio. La conectividad electrónica actual permite que la misma y sencilla estrategia funcione para todos. Vuestros clientes tienen que ser capaces de conectar con vosotros y con vuestra oferta al menos tan fácil y libremente como le resulta al bebedor de Coca-Cola conseguir una lata. Internet es el primer canal de distribución para la era electrónica. Hay que aprender a utilizarlo, así como las redes más potentes que surgirán para anunciar e intercambiar (comprar y vender) vuestro negocio.

10. Que vuestra oferta sea interactiva

¿Así que creéis que escucháis a vuestros clientes? Escucháis de verdad sólo si mantenéis un diálogo continuo con ellos. Vuestra oferta debe permitir que los clientes se comuniquen con vosotros cuando ponen en marcha vuestra oferta. Realizad un inventario de las ofertas y comprobad lo interactiva que es cada una en términos de un diálogo continuo. El intercambio continuo de ofertas se vuelve incluso más valioso con el paso del tiempo. Aprovechadlo al máximo.

11. Personalizar cada oferta

Antaño, una medida valía para todo. Hoy en día, Porsche dice que nunca hace dos coches iguales. Sea cual sea vuestra oferta, hay que adaptarla cada vez, con las necesidades del comprador o usuario individual en mente. Las hamburguesas con queso, las habitaciones de hotel, los pantalones, los programas de software, las sillas de oficina, los planes de jubilación, los esquís, los aparatos electrodomésticos... Actualmente, todas las ofertas, sean del tipo que sean, se pueden personalizar en muchas dimensiones. Las herramientas de compresión y de conexión lo hacen posible. Vuestra necesidad de supervivencia lo convierte en fundamental. Si vuestro producto es un artículo de gran consumo, personalizad el servicio que lo acompaña. Si vuestro servicio es vender galletas, que los clientes decidan a su gusto gracias a la individualización. (Imaginad: una galleta con la cara de vuestro hijo.) Personalizar, personalizar, personalizar. Es el gran diferenciador del siglo XXI.

12. Asegurarse de que la oferta mejora con el uso

Hay que incluir la capacidad de observación en la oferta para que pueda enseñarse a sí misma a hacer mejor las cosas. Los bancos tienen líneas de crédito que aumentan como respuesta a un registro de pagos a tiempo de sus clientes, con lo que se aumenta al mismo tiempo el valor de la oferta del banco. Vuestra oferta debe ser capaz de aprender a partir de la manera en que la utiliza el consumidor, y reaccionar a la comunicación. La siguiente serie de ofertas que pongáis en el mercado debe incorporar ese conocimiento recién adquirido. Hay que darse cuenta de que, cuando ocurre esto, comprador y vendedor, usuario y proveedor, aprenden continuamente.

13. Asegurarse de que la oferta se anticipa a los deseos de los clientes

Esto no es magia. Es el siguiente paso en el bucle de retroalimentación que comentamos en el número 12. Cuando ya hemos equipado nuestra oferta para que recopile volúmenes de información, hay que permitirle localizar los patrones repetidos y extrapolar. Nuestra oferta construye una historia de lo que quiere el cliente y cómo se comporta: siempre realiza un pedido antes de las nueve de la mañana, por ejemplo, o le gustan los programas de la televisión sobre viajes y cocina, suele comprar billetes de avión en primera clase, nunca acepta una habitación de hotel para fumadores, etc. La oferta debe introducir esas preferencias en el perfil del consumidor para que se le pueda contactar y avisarle de un viaje de *gourmets* no fumadores a París, por ejemplo. Perfiles similares ayudarán a avisar a los compradores de libros de la nueva obra que ha publicado su autor favorito, o firmar *digerati* para pruebas beta de futuras mejoras de software (también se puede vender esa información).

14. Ayudar a los clientes a ser más inteligentes cada vez que aprovechen vuestra oferta

Algunos médicos explican el comportamiento que ha acarreado problemas de salud para inducir a los pacientes a cambiar de comportamiento. Algunos programas de software proporcionan a los usuarios consejos sobre sus características, con la esperanza de convertirles en mejores usuarios. Pero el horno comercial de 5.000 dólares, tan popular hoy en día, no nos convierte en mejores cocineros. ¿Por qué no? Cuando nuestra oferta se torna inteligente, también deberíamos poder aprender de ella. Vuestra oferta debe registrar de algún modo no sólo cómo se utiliza, sino lo satisfecho que estaba el cliente con ese uso. Esto le permite sugerir cambios en las circunstancias, el uso o el comportamiento que proporcionarían más satisfacción al usuario. Si vuestros clientes están en la empresa, vuestra oferta debe ayudarles a desempeñar mejor su trabajo. Si son consumidores, obtienen más por su dinero.

15. Poner filtros en vuestras ofertas plagadas de información

Si vuestras ofertas están conectadas, y la información fluye a través de ellas, el flujo será demasiado abundante, a menos que pongamos filtros. Ésta es condición indispensable para la idoneidad de la oferta.

16. Olvidar los cambios anuales de modelo: añadir mejoras de calidad

Cuando lo importante es la velocidad, estamos operando en tiempo real, en línea e interactivo. Ahora es posible para vuestro cliente añadir cualquier mejora. Vuestra oferta, que ha aprendido algo en el intercambio, os conduce a introducir versiones mejores y más nuevas. Enviadlas inmediatamente, dejad que los clientes pulsen el ratón e incorporadlas a su versión. Ello también proporciona a la empresa un bucle continuo de retroalimentación. Una impresora de Hewlett-Packard es una máquina sumamente inteligente, pero se vuelve más inteligente cada vez que se carga una nueva entrega del *driver* desde la red. Cuando una oferta está conectada y aprende, nos podemos despedir de los cambios anuales de modelo, ya provengan de Ford en Detroit, de Microsoft en Seattle o de nosotros mismos. Sin embargo, hay que tener en cuenta que ello cambiará el modelo económico de nuestra oferta. ¿Qué cobramos cada vez que mejora nuestra oferta? Pero eso también puede hacer nuestro negocio más rentable.

17. Extraer información de cada intercambio de compra-venta

Cada intercambio en el que participamos, ya sea un vendedor que compra o un comprador que vende, aporta una cantidad enorme de información extra. Hay que atraparla, almacenarla y utilizarla de manera provechosa.

18. Comprar mientras se vende

Ésta es una de las piezas clave del cambio de vuestro negocio. Los viejos muros que en su día separaron a compradores y vendedores han desaparecido. En su lugar, nunca habría que vender nada sin obtener algo a cambio. Puede tratarse de dinero, pero lo que realmente nos interesa es cualquier cosa que podamos aprender de y sobre nuestros clientes. Sí, sería estupendo conseguir este tipo de información gratis. Pero no. Los clientes han espabilado y quieren que se les retribuya lo que en su día concedían de manera gratuita. De todas formas, se trata de una ganga.

19. Vender mientras se compra

Leed el número 18 al revés. Perfecto.

20. Recordad: cada venta es un intercambio económico, informativo y emocional

Esto es exactamente lo que dice. Todas las ventas suponen el intercambio de estos tres elementos, no sólo de dinero en metálico. Cuando se realiza una venta, hay que asegurarse de que también se sabe qué información hay que recoger durante el intercambio y de ser capaces de hacerlo. Lo mismo vale para las emociones. Identificad las que vendemos y las que compramos. Empezad con listas muy simples; mejoradlas, hacedlas operativas, reunidlas y decidid las importantes. Desarrollad estrategias para ampliarlas.

21. Añadir emociones a cada oferta y cada intercambio

Hay que utilizar las herramientas de la tecnología para aportar sonido, movimiemto, color y muy pronto olor a todos los implicados en nuestra red económica. Si creamos una personalidad con un impacto emocional coherente con la experiencia deseada del cliente, toda la organización y red de socios se sentirá identificada.

22. Añadir emoción a todos los demás aspectos del negocio

Ampliad la experiencia emocional de vuestros clientes a todos los aspectos de la organización. ¿Por qué va a tener el cliente una reacción distinta de la de los empleados de vuestra empresa, incluidos los que trabajan a pie de fábrica (aunque la fábrica esté ahora fabricando software)? En el sistema sanitario, deseamos que las enfermeras sientan empatía, pero hemos aceptado bastante menos de nuestros médicos y administradores.

23. Conocemos el Fortune 500. Conozcamos ahora el Valor 500

Podemos nombrar al menos veinte de las empresas pertenecientes al Fortune 500, ¿verdad? ¿Y qué hay de los poderosos grupos de consumidores o de clientes, formados o no formados, que afectarán a nuestro negocio? Elaborad una lista de los grupos de consumidores que conozcáis, los que tienen que ver con vuestro negocio actual y los que no. Ésta es la base de lo que denominamos el Valor 500 y que conformará el mercado del futuro. Identificad las características importantes para vosotros. ¿Qué es lo que les preocupará? ¿Dónde estará su lealtad? ¿Cómo conseguiremos que crean en nosotros? Nuestros clientes ya se han organizado. Ahora es el momento de averiguar cómo cambiarán las cosas cuando se junten.

Si estáis entre los primeros que lo entendéis, podéis ayudar a patrocinar este desarrollo, ayudarles a despegar, controlar sus preocupaciones y obtener algunas respuestas. Anticipando las demandas que pueden plantear como antagonistas organizados, podréis convertirles en fieles seguidores.

24. Localización virtual, localización virtual, localización virtual

Todos conocemos el mantra de tres palabras de los expertos inmobiliarios. Bien, con o sin conectividad, es estupendo estar literalmente al cabo de la calle de amigos, clientes, proveedores y otros socios. Pero la conectividad, lógicamente, exige ampliar el vecindario. Vuestro imperativo es crear una comunidad de jugadores con la misma mentalidad, estén donde estén. Lo bueno es que es fácil. Colocad a los clientes y proveedores virtualmente en un mercado de subasta. Colocad a los coleccionistas, por ejemplo, de Beanie Babies, en un club virtual compartido. Conectad a los investigadores con una base de datos accesible. ¿Hacia dónde va hoy en día la comunidad que os interesa? Conectad con todos esos lugares. Apareced delante de esa gente como la Coca-Cola, a seis pies virtuales de distancia.

25. Olvidar todo lo que creíamos saber sobre la economía empresarial

Para no parecer demasiado mezquina, la ciencia pesimista se ha centrado en lo que se llama «estática comparativa», es decir, qué ocurrirá cuando se produzca un pequeño cambio (en la oferta o la demanda, por ejemplo) en un mercado competitivo. Los casos de mercados no competitivos se llamaron «fracasos de mercado», lo que significaba que no era culpa de los economistas, sino de la vida real. La velocidad del BLUR deja muy claro que lo importante no son los detalles del equilibrio estático, sino las principales características de los cambios que se están produciendo en las cosas. Por ejemplo, no se puede contar con que la competitividad deje paso a la consolidación y el oligopolio; hay que contar con que las herramientas quedarán obsoletas antes de considerar incluso la consolidación. O no se puede asumir que niveles bajos de rotación de personal sean más eficaces cuando el objetivo es la innovación, no la producción.

26. Olvidar la norma de rendimientos decrecientes

Una proporción creciente de nuestro negocio, es decir, todo el conocimiento concentrado en el software, obedece a las leyes de los rendimientos crecientes, no menguantes. Ello significa que conforme todos los negocios necesitan cada vez más información, irán obteniendo cada vez mayores beneficios. También significa que alguien será nuestro principal suministrador, a precios mucho más bajos de lo que nosotros mismos podamos conseguir. Por tanto, en concreto, hay que estar dispuesto a contratar fuera de la empresa la infraestructura y el apoyo. Dejad de escribir nuestro propio código, fabricar nuestro propio producto o formar a nuestro propio personal, si otras personas se centran en esa parcela de los negocios. Y decidid qué característica de nuestra empresa sigue siendo nuestra principal garantía.

27. No empezar con vuestro cliente

La sabiduría de la última era industrial era empezar siempre con lo que necesitaba el cliente y retrotraerse a los productos y servicios que exigían esas necesidades. Esto servía cuando el cliente entendía realmente la necesidad y el producto, y la innovación significaba una botella con una forma distinta para el detergente líquido. Con el BLUR, el cambio técnico se está produciendo tan rápidamente que el producto debe educar al consumidor (*beepers* para adolescentes que se han ido de cita) y el cliente debe educarnos a nosotros. No nos podemos permitir retrasos a la hora de poner algo nuevo delante del consumidor. Al contrario, hay que empezar con la tecnología más adecuada, codesarrollarla lo antes posible con el consumidor y ser lo suficientemente flexibles y adaptables como para ajustarla según las necesidades del cliente. Al igual que con el software, la primera entrega es nuestra idea de lo que debe ser el producto. El consumidor entra entonces en el bucle de retroalimentación y empieza a ejercer su influencia desde la entrega 2.0 en adelante.

28. No hay que plantar lo que se puede comprar

El crecimiento es orgánico y natural, y no siempre podemos permitirnos el lujo de esperar tanto. La necesidad de velocidad exige comprar el crecimiento. La conectividad lo hace posible, y los intangibles lo hacen más fácil. Todo está sujeto a la conveniencia. Si terminamos siendo meramente el mejor y más rápido orquestador, ¿qué tiene esto de malo? Somos el competidor más rápido, el más intangible y el mejor conectado del valle.

29. No hay que planificar el futuro de la compañía, sino adaptarse

Cuanto más rápidamente se mueven las cosas, menos tiempo tenemos para planificarlas. Es mucho mejor iterar y reiterar, ajustarse y adaptarse. Las bacterias no planificaron a las personas, pero desde luego están prosperando a su costa.

30. Aprender a unirse, aprender a separarse

Nada es para siempre en el mundo del BLUR. Ello significa que hay que aprender a forjar sociedades de conveniencia, con clientes, proveedores y competidores, entre otros, y después seguir avanzando cuando disminuyen los beneficios. Hay que estar constantemente al acecho, buscando nuevos socios, a veces para compartir una nueva oferta, a veces un nuevo proceso. El secreto para una maravillosa relación: mantener nuestro principal punto fuerte y dejar que el socio o socios mantengan los suyos. Los viejos enemigos pueden convertirse en unos estupendos y provisionales compañeros de cama. IBM y Apple se unieron para producir el PowerPC, por ejemplo. Incluso más difícil, hay que aprender a reconocer cuándo se ha terminado la cooperación, y saber romper. Separarse en el momento adecuado es tan importante como el primer apretón de manos o beso en la mejilla. Pero hay que separarse en buenos términos. Las despedidas tampoco son para siempre.

31. Crear una plataforma. Convertirse en el estándar

Uno de los grandes propulsores de la conectividad en este nuevo mundo es la existencia de estándares y plataformas comunes. Que nuestro objetivo sea establecer un estándar, independientemente del negocio en el que estemos. Tal vez exija regalar vuestras primeras 10.000 unidades (como Netscape). Los que consiguen establecer un estándar en un campo determinado (como, por ejemplo, Microsoft Windows) obtienen unos beneficios fabulosos. Identificad los componentes de la oferta, incluido el conocimiento del usuario, y encontrad la forma de vincularlos a vuestro estándar.

32. Que el mercado fije el precio de vuestra oferta

No hay que esperar a la retroalimentación de cómo se está vendiendo vuestra oferta para convocar una reunión y estudiar la conveniencia de subir o bajar los precios. En su lugar, se puede establecer un bucle de retroalimentación que permita que sea el mercado el que efectúe rápidamente los cambios. Así es como se valoran instrumentos financieros como acciones, bonos y otros valores. Todos nos hemos acostumbrado a que los precios de la gasolina y de los billetes de avión cambien constantemente, pero no nos gustan los recargos a la hora de comprar el último modelo de coche. Que los clientes se acostumbren: dentro de poco tiempo, leeremos el precio de una lechuga en el supermercado en una pantalla LED que cambiará constantemente. Hay que encontrar la forma de conseguir la información sobre los precios directamente del mercado, de Internet o de nuestros canales de información.

33. Que el mercado publicite nuestra oferta

Los cuatro conceptos tradicionales del marketing son el precio, el producto, la promoción y la distribución física. Hablamos de los precios en el número 32; hemos analizado la oferta en detalle, y la distribución física de los intangibles no supone ningún problema. ¿Pero qué ocurre con la promoción? El truco está en distribuir suficiente cantidad de nuestra oferta como para que la gente hable de ello. Cuando comienza el boca-oreja, reconocerán nuestro nombre cuando lo oigan, empezarán a pedirlo y estarán dispuestos a pagar su precio. Kim Polese, fundador de Marimba, una nueva empresa de software, utilizó la siguiente estrategia: dejó que el mercado de capital gestionara su oferta. Sus fondos de riesgo públicos generaron gran interés y todo el mundo esperaba con ansiedad su producto Castanet. Hay que determinar quién está interesado en contar nuestra oferta a los demás y proporcionarle la ayuda que necesite.

34. Asumir que todos los negocios se liberalizarán

Considerad que esto es un axioma: la tecnología cambiará mucho más rápidamente de lo que el gobierno pueda cambiar las normas que la regulan. Todo lo referente a los ordenadores y a Internet cambia tan rápidamente que los políticos y legisladores apenas pueden reaccionar a tiempo. Todo lo referente a la biotecnología está generando dilemas éticos para los que todavía no existen soluciones éticas. Incluso cuando los legisladores voten, el poder ejecutivo promulgue y los jueces sentencien, se producirán más dilemas que convertirán en desfasado lo anterior. La legislación es necesaria y positiva. Pero sigue siendo demasiado lenta. Hay que pensar que nuestra oferta será juzgada por las leyes del mercado, no por la legislación. Cread el escenario sobre cómo sería el mundo si no existiera la regulación, y luego preguntaos en qué cambiaría el mundo real. No nos veamos tentados a asumir la regulación y pensar al revés. Nos veríamos derrotados por un agente por cuenta propia que actuara conforme a las nuevas reglas. No nos conformemos con el siguiente cambio incremental de los legisladores, sino que definamos lo que desea el mercado y vayamos por ello.

35. Medir la empresa por índices de capitalización de mercado, no por los ingresos

Hemos afirmado que es la capitalización de mercado la que refleja el valor futuro. Así que hay que empezar a medir el rendimiento en términos de capitalización de mercado. Esto no quiere decir que haya que centrarse de forma incluso más patológica en el precio diario de la acción, sino que, incluso si la empresa es absolutamente privada, hay que considerar la creación de riqueza como la verdadera prueba de la empresa. ¿Cómo es nuestra capitalización de mercado por empleado comparada con la de otras compañías que tienen ofertas similares o que emplean a talentos comparables? El talento fluirá a las empresas que ofrezcan verdaderas retribuciones a cambio, y eso significa riqueza. Hoy en día, las opciones de compra de acciones están reservadas a los más altos ejecutivos; mañana, rivalizarán con el sueldo como la principal forma de compensación. Así que también hay que contar con el número de millonarios que estamos creando, en la empresa y en la red. Recordad que, tan sólo en 1997, Microsoft hizo millonarios a 21.000 empleados.

36. Cambiar para evolucionar

Si queremos adaptarnos, innovar y ser flexibles, hay que introducir elementos novedosos en el cambio. De ahí las transformaciones. Si todas las personas de un departamento provienen de las asociaciones de ex alumnos de la universidad, hay que contratar a un licenciado de una escuela de comercio con una guitarra eléctrica y un tatuaje. Si nuestro inventario se vende rápidamente pero siempre consta de la misma mercancía, hay que introducir variedad. Si el 80 % de las ofertas tiene más de un año, hay que mejorar el 40 %. Seguir cambiando.

37. Sustituir las órdenes de gestión por las señales del mercado

Si tan sólo recordamos una cosa sobre organización, que sea ésta: las señales del mercado son la mejor medida para lo que se debe hacer en una empresa; el poder interno, el estatus y la psicología son las peores señales. ¿Qué se dicta por ley en vuestra empresa? ¿Las asignaciones de capital? ¿Los directivos de cuentas? Hay que crear los mercados para esos recursos dirigidos por señales externas.

38. Trasladar el poder a la periferia

Si vuestra organización tiene bastante personal, seguro que posee algún tipo de jerarquía, y eso significa que el poder se concentra en el centro y en la parte más alta. Sabemos que el cambio de los ordenadores centrales a los PC ha trasladado el poder hacia abajo y hacia la periferia. Ahí es donde queremos que esté exactamente. Pero el poder obedece a alguna extraña ley física, y siempre parece volver hacia arriba y hacia el centro. Cada mes y de forma consciente, hay que supervisar si esa tendencia hacia arriba se está volviendo a producir. Al igual que podar un jardín, se trata de una tarea ininterrumpida. Para propósitos operativos, es mejor asignar poder allí donde se toman las decisiones cotidianas, en el punto de contacto entre un empleado de primera línea y los clientes. Ello ayudará todavía más a difuminar las fronteras que nos separan de nuestros clientes. Después hay que establecer un proceso para aprovechar las decisiones de los empleados de primera línea de fuego.

39. Ser a la vez grande y pequeño

¿Cuál es el tamaño adecuado para una empresa? El recorrido tradicional es de pequeño a grande. En el futuro se producirán las dos tendencias. Las unidades pequeñas son ágiles, y pueden actuar, moverse y cambiar rápidamente. Siempre que estén conectadas electrónicamente, no existe una desventaja por tener un tamaño menor. Al mismo tiempo, estas pequeñas unidades deben comportarse y competir globalmente. Así que, si somos un individuo que actúa como un agente libre, hay que asegurarse de estar electrónicamente conectados a una gran red económica. Si somos una gran empresa, hay que asegurarse de dividirla en pequeños equipos de trabajo de una a treinta y cinco personas. Por tanto, ya seamos grandes o pequeños, estamos a medio camino. Paradójicamente, también necesitamos convertirnos a la vez en lo contrario.

40. Destruir los cortafuegos

Hay que olvidarse del viejo modelo de la distancia prudencial. La nueva regla es ésta: decirlo todo a todo el mundo. Sí, hay que protegerse de los vándalos electrónicos, los ladrones de ideas y distintas formas de pirateo informático. Eso es de sentido común. Pero como los que desean información sobre nosotros la pueden conseguir fácilmente por distintos medios indirectos, ¿por qué no decírselo directamente? Recordad que nuestra ventaja reside en la velocidad, y una empresa no puede actuar rápidamente si no sabe lo que sucede. Para cuando la competencia se dé cuenta de lo que planeamos, ya estaremos a kilómetros de distancia.

41. Evitar las fechas de caducidad

Los ciclos vitales tienen cuatro componentes: gestación, crecimiento, madurez y declive. Siempre se nos ha dicho que evitemos ser una empresa del cuarto tipo. Hoy en día, con unos cambios tan rápidos, es deseable evitar incluso la tercera fase. Reinventar la estrategia para que, cuando el crecimiento se convierta en madurez, ya estemos inmersos en una redefinición del negocio que nos vuelva a colocar en lo alto. No había nada más maduro que el negocio de los refrescos. Cuando Coca-Cola inventó la «cuota de estómago» para sustituir a la obsoleta medida de «cuota de mercado» y se dio cuenta de que le quedaba mucho camino por recorrer, se convirtió instantáneamente en una compañía en crecimiento, con lo que generó gran cantidad de energía nueva y de expansión para la empresa.

42. Mezclar redes y jerarquías

Hay que centrarse en construir la futura red organizativa, no en acabar con la vieja jerarquía organizativa. La jerarquía de la empresa sólo desaparecerá si se ve sustituida por algo mejor. Tal vez algún día las redes sustituyan totalmente a la jerarquía, pero lo dudamos. Es mucho mejor fundirlas, en lugar de lanzarlas una contra otra como modelos antagónicos.

43. Usarlo, no poseerlo. Si lo poseemos, aprovecharlo al máximo

En el mundo virtual actual, hay que mantener los activos en el ciberespacio y fuera del balance de situación. Cuanto más intangible sea nuestro negocio, más fácil será gestionarlo según una economía del BLUR. Cuanto más atrapados estemos en un producto físico (fábricas, oficinas, el equipo necesario para dirigirlas, nóminas, etc), más atrapados nos veremos en las redes del pasado.

44. Valorar los activos intelectuales como lo más importante, los activos financieros en segundo lugar y los activos físicos en el tercero

Ésta es la manera de enfocar el asunto: sumar los activos para cada una de estas tres categorías. Si no triunfan los activos intelectuales, hay que redefinir un plan para que se conviertan en lo primero. Si tenemos un valor enorme en fábricas y equipamiento que vale mucho más que nuestros empleados, entonces la estrategia necesaria es averiguar cómo vamos a cambiar rápidamente en la dirección opuesta. Determinar el punto de inflexión. Si está en un futuro invisible, entonces es muy probable que llegue un competidor y nos eclipse. ¿Qué? ¿Que no sabéis cómo calcular vuestros activos intelectuales? Leed el número 45.

45. Gestionar, medir y aumentar el capital intangible

Los analistas de valores que gestionan las compras atribuyen el 35 % del valor de mercado de las acciones a variables intangibles que no aparecen en el balance general de la empresa.[1] Los ejemplos incluyen la reputación de un equipo de investigación y desarrollo en el caso de las compañías farmacéuticas, o la experiencia de gestión en la industria informática, o la marca y la distribución en la industria del petróleo y del gas. Determinad qué parte de la capitalización de mercado está condicionada por dichos factores y en qué medida dependemos de dichas dimensiones comparados con los demás. Si somos buenos, hay que decírselo a los mercados financieros. Si no lo somos, hay que averiguar por qué y solucionarlo. La profesión de referencia aprenderá a medir estos intangibles en última instancia pero, mientras tanto, hay que empezar a tener en cuenta esta dimensión del valor cada vez más importante.

46. Valorar una empresa por sus índices de crecimiento, no por sus activos

Los mercados financieros determinan los índices precio/beneficio basándose en gran parte en el índice de crecimiento de ganancias previsto. Sin embargo, las reglas de contabilidad se centran en el valor de mercado de los activos. Para comprobar el valor que está creando nuestra empresa, podemos desarrollar una tabla que

1. «Measures that Matter», Centro Ernst & Young para la Innovación Empresarial, 1997.

mida nuestra aceleración. Determinemos: ¿están creciendo los beneficios más rápidamente que el año pasado? ¿Cuánto? ¿Y qué hay del beneficio por empleado? Tal vez lo más importante sea si estamos prestando atención al índice de crecimiento de riqueza de nuestros empleados.

47. Poseer los enlaces, no los nodos

Recordad que vivimos en un mundo donde todo está conectado con todo. Así que hay que dominar la capacidad de conectar. El nodo de hoy puede cambiar pero seguiremos queriendo estar conectados a lo que lo haya sustituido. Ya destruimos los cortafuegos en el número 40. Ahora hay que formar a nuestros empleados para la red, proporcionarles las herramientas que necesitan y asignar tiempo a la construcción y planificación de las relaciones. Los contenidos cambian; los conductos permanecen.

48. Valorar lo que se mueve, no lo que permanece quieto

Cualquier cosa que permanezca quieta es un pasivo que está consumiendo nuestro dinero de manera improductiva, ya sea un producto de inventario, un empleado no productivo o una caja llena de oro debajo de la cama. El movimiento los hace productivos, así que hay que saber medir, gestionar y valorar la velocidad más que la cantidad. ¿Vuestro inventario de ideas cambia rápidamente? ¿Cómo lo sabéis?

49. Prepararse para una contabilidad de tres entradas

Seguimos diciendo que hay que estar orientados hacia el futuro, y que el valor se mide por las perspectivas de futuro. Éstas, a su vez, dependen del crecimiento. Usad el sistema de medición para mantener bajo vigilancia el crecimiento y reaccionar a los cambios. En otras palabras, gestionad la aceleración, no la velocidad. Las empresas pequeñas con altos índices de crecimiento crean múltiplos incomprensibles de beneficios por acción, mientras que las empresas grandes, bien establecidas y de crecimiento lento languidecen. Esto se aplica a todo tipo de medidas, no sólo a ventas y beneficios. El crecimiento de las capacidades escasas, las conexiones a la red y los productos introducidos tienen que incrementarse conforme se acelera el BLUR.

50. Prestar atención. La atención es el próximo recurso escaso

Vivimos en un mundo con exceso de información. Hay que empezar a prestar atención a cómo atraer y mantener la atención de los demás. No estamos hablando de ningún truco. Hay que tomárselo en serio. Pero cuidado: conforme nos lo tomemos en serio, empezaremos a celebrar reuniones y a escribir memorándums y, en última instancia, conseguir la atención de los demás se convertirá en un asunto burocrático. El remedio será peor que la enfermedad, y el enemigo seremos nosotros mismos. Conseguir y mantener la atención es algo muy serio, pero tiene que hacerse con alegría y compromiso. Esto sirve para la oficina y para la tienda.

Estos 50 elementos deberían ser suficientes para mantenernos ocupados durante un tiempo, pero hay que reservar algo de tiempo para...

10 MANERAS DE ADAPTARNOS NOSOTROS MISMOS

1. Suprimir la distinción entre vida laboral y vida-vida

¿Trabajáis para vivir? ¿O vivís para trabajar? En el BLUR, estos aspectos de la vida no son independientes. Todo el mundo sabe que, hoy en día, la diferencia apenas existe, ya que el buzón de voz invade las noches, los vuelos acortan los fines de semana y los teléfonos móviles nos interrumpen en el cine los sábados por la noche. Chris recibió incluso una llamada desde una góndola del Gran Canal de Venecia; y, en una fiesta en Budapest, el amigo indonesio de Stan sacó un teléfono móvil del tamaño de un mechero desde el que se podía conectar con cualquier parte del mundo (excepto Estados Unidos y Japón).

Así que, ¿los hermanos del BLUR nos dicen que desconectemos? Desde luego que no. Queremos que os adaptéis a estos nuevos fenómenos. Que dirijáis vuestro hogar también con el BLUR, y de esta forma el trabajo y la vida no mantendrán una relación poco armoniosa, sino que estarán mejor integrados y organizados. Hay que usar Peapod para hacer la compra, Amazon.com para buscar libros, enviar correo electrónico a los amigos, consultar la Web antes que las Páginas Amarillas... Si funciona para los negocios, también puede funcionar para todos nosotros. Y que la vida laboral sea más «vivible». Que la casa también invada la oficina. Traer a los hijos, adoptar un horario flexible, llevar la ropa adecuada para los negocios. Todo ello contribuirá a generar las relaciones y emociones que necesita nuestro tipo de empresa.

2. Todos debemos recibir una parte del pastel

¿Qué? ¿Que se ha convertido en realidad el sueño de todo estudiante? En el mundo del BLUR, sí. Recordad que el conocimiento, principal moneda de cambio de esta nueva economía, posee una propiedad única: si lo tienes, lo vendes, pero lo sigues teniendo. Así que no hay que atesorar los conocimientos. Hay que esparcirlos, que todo el mundo sepa que lo sabíamos los primeros, que se nos conozca por tener ideas interesantes, ya sean originales o de segunda mano. La velocidad de los conocimientos es esencial para nuestro éxito. Cuanto más demos, más obtendremos.

3. Buscar siempre la novedad

Agency.com es una agencia de publicidad en línea, más o menos. Aquí va la declaración de intenciones del fundador Kyle Shannon y de su equipo de gestión: «Agency.com es un grupo apasionadamente comprometido con crear algo de la nada todos los días hasta el infinito». ¿Y vosotros? Recordad que vuestros conocimientos se vuelven obsoletos enseguida, la esperanza de vida se alarga pero la seguridad social no. Si no estamos creando siempre algo nuevo... (dejamos el final a vuestra imaginación).

4. Pluriemplearse

Antes del BLUR, sólo nos pluriempleábamos cuando necesitábamos dinero extra. Ahora que gestionamos nuestro propio precio por acción, no podemos permitirnos dedicarnos únicamente a las necesidades de nuestra empresa, por la mañana, por la tarde y por la noche. Los teléfonos móviles y el correo electrónico que nos localizan en casa los fines de semana están contribuyendo a estresarnos al máximo. Si nos quedamos atrapados en ello, siempre estaremos luchando contra los abusos como un pequeño incendio que no se puede extinguir. Estaremos mucho mejor, tanto psicológica como económicamente, si aplicamos el BLUR en lugar de sufrir sus consecuencias. Hay que diversificar. Pluriemplearse, porque ello nos pone en el mercado, nos proporciona experiencias nuevas, nos informa de primera mano de lo que sucede y pone en conocimiento de los demás nuestra verdadera valía. Hay que tomarse un tiempo sabático, trabajar para un cliente, hacer un curso, construir otras relaciones. Haremos un favor a nuestro jefe y aumentaremos el cambio y la diversidad empresarial, así que no dudemos en cobrar por esas actividades.

5. Vender nuestra valía en la red

Un buen lugar para que todo el mundo sepa lo que valemos es la Web, que proporciona la misma visión del mercado global a un particular que a una gran empresa. En pocas horas y con unos pocos dólares, todo el mundo puede colocar su oferta en Internet y buscar compradores. Aunque todavía no es fácil transformar esas ofertas en dinero, éste es el momento de subirse a bordo de la curva de aprendizaje. Hay que adquirir experiencia en el mercado virtual, prepararse para el intercambio económico, de información y de emoción. No hay que intentar conseguir un trabajo aburrido de un mes en la Web la primera vez que conectemos. Más bien, hay que pulsar las teclas, experimentar el intercambio de uno mismo en el ciberespacio. Estableced vuestro mercado, aunque al principio parezca muy pequeño. Vosotros sois vuestra oferta.

6. Que el mercado, y no la empresa, determine vuestra valía

Supongamos que habéis conseguido esa gran promoción que deseabais o que os habéis cambiado de empresa porque os ofrecía un puesto mejor. En cualquiera de los dos casos, alguien ha reconocido vuestro talento. Lo importante es recordar que el mercado no miente. Es mejor árbitro de lo que valemos realmente que el más perspicaz de los empresarios. Generalmente, las empresas tienen unos muros mucho más restrictivos sobre nuestro futuro que el enorme mercado al alcance de todos. Las empresas tienen presupuestos, líneas maestras, Hay Points, políticas, normas y regulaciones. El mercado no. Sólo busca valor y está dispuesto a pagar su precio. Así que, aunque queráis quedaros donde estáis y penséis permanecer allí un tiempo, hay que utilizar el mercado como el rasero mediante el cual establecer el paquete de compensación.

7. Convertirse en agente por cuenta propia aunque estemos en nómina

Esto supone realmente un cambio de mentalidad. Hay que dejar de pensar que uno es un esclavo del sueldo, que es lo que muchas empresas opinan de sus empleados, y despertar a la nueva libertad. Para un esclavo recién emancipado, esta forma de pensar conlleva nuevas responsabilidades: vosotros, y no vuestro jefe o empleador, sois responsables de vuestro futuro. En otras palabras: aunque estéis en nómina, pensad en vosotros mismos como en un *freelance* que está actualmente bajo contrato con un equipo. Uno puede quedarse en ese equipo toda la vida, o cambiarse todos los años. Lo importante no es lo peripatéticos que seamos, sino lo que sucede dentro de nuestra cabeza. El paternalismo acabó hace décadas, el empleo fijo desaparece, y los trabajadores por cuenta propia se impondrán en la economía del mañana.

8. Convertirse en una marca; ahí reside el valor

Como agente libre, con un valor en el mercado, hay que convertirse en una marca. Los escritores hablan de «encontrar su voz», lo que significa que han encontrado su camino y que su forma de expresarse es distinta de la de los demás. Hay que tener una marca distintiva, una voz propia. Esto tampoco significa que haya que ser distintos sólo dentro de un departamento. Hay que pensar a lo grande. Ser reconocibles dentro y fuera de nuestra área inmediata de trabajo. Cuando nuestra marca venda en el *mercado*, allí fuera, tendremos el potencial del auténtico valor de marca. Martha Stewart podría seguir siendo una compradora de electrodomésticos en unos grandes almacenes; en su lugar es un culto, lo suficientemente amplio como para inspirar una revista satírica (*¿Vive Martha Stewart?*).

9. Hay que venderse como un título de Bolsa

Ya sabemos que el capital intelectual, la inteligencia, es el recurso más valioso. Así que hay que capitalizarlo, literalmente. Esto significa salir a subasta pública, como hacen las empresas. Las famosas estrellas del deporte y los presentadores ya están empezando a poner esto en práctica, y con éxito, pero no hace falta seguir esperando. Una forma de empezar es vender un porcentaje de nuestra futura corriente de ingresos a un banco en forma de derecho de retención, o a vuestro empresario como una parte de una empresa privada; en este caso, Vosotros, S.A. Si vuestro empleador todavía no está en la onda y no capta el concepto ni comulga con él, ofreced esas acciones a amigos, colegas, familiares, y otras personas que os conocen y admiran. Incluso se pueden ofrecer acciones a la competencia (lo que atraerá la atención de vuestro jefe). Dentro de unos años, cuando la «venta» de los individuos sea una práctica habitual, como de hecho sucederá, entrarán los inversores profesionales. Os harán preguntas sobre vuestros planes e ingresos previstos, y comprarán y venderán vuestras acciones en el mercado. Recordad que hay que mantener siempre al menos el 51 %, lo que nos hace conservar el control sobre nuestro propio destino. También hay que tener cuidado porque habrá veces en que vosotros o vuestra empresa querréis rescatar las acciones.

10. Gestionar vuestra nueva carrera dual

Nos hayamos colocado o no en el mercado, hay que darse cuenta de que tenemos dos carreras, no una sola. Tradicionalmente, las personas ambiciosas han hecho planes profesionales muy cuidadosos acompañados de promociones estratégicas y traslados potenciales de una empresa a otra. Ahora es hora de despertar y prestar la misma atención a nuestro ascendente en el mercado financiero que al de nuestra empresa. Antes, cuando entrábamos en el mercado libre, era probablemente durante una pausa entre dos empleos. Os hemos aconsejado hacer siempre las dos cosas a la vez. Considerar el mercado y la empresa que nos mantiene en nómina como dos lugares distintos donde cumplimos con nuestro cometido. ¿A que todos los jefes que habéis tenido os han dicho que seáis emprendedores? Hay que llevar esto un paso más allá y hacerlo literalmente. Jugar el juego dentro y fuera de la empresa. En otras palabras, coger los dos balones y correr con ellos. Ésa es vuestra verdadera oportunidad de actuar como el trabajador por cuenta propia que sois.

Las 60 sugerencias que configuran este capítulo son un comienzo, constituyen nuestra forma de pensar sobre la manera de abordar el fenómeno del BLUR. Las ofrecemos, al igual que todas las perspectivas de este libro, como punto de partida para un debate. Hemos intentado abarcar el máximo número de aspectos posibles y cubrir todo el espectro de los negocios, en lugar de ser detallistas o exhaustivos. También hemos intentado ser provocativos y orientarnos hacia el futuro, en lugar de concentrarnos en cómo se deben hacer las cosas y los pasos siguientes. Esperamos haber proporcionado una lente a través de la cual considerar los efectos de la conectividad, la velocidad y los intangibles en nuestro mundo, y anticipar sus consecuencias. Ahora nos gustaría saber qué es lo que estáis viendo a través de esta lente, para que podamos atraeros a una comunidad de BLUR. Esto es lo que estamos haciendo.

A través de nuestra investigación y trabajo continuo con los clientes, cada vez veremos más pruebas de la existencia de este nuevo fenómeno. Pretendemos documentarlo en la página Web de BLUR, www.blursight.com. Os invitamos a conectar con frecuencia para manteneros en contacto con el BLUR. Cuando lo hagáis, encontraréis los ingredientes de vuestro propio álbum de recortes del BLUR, una colección cada vez mayor de ejemplos y enlaces con otras direcciones, y hojas de trabajo para recoger vuestras propias observaciones, ya sean empresariales o personales. También encontraréis a individuos con los que comunicaros y que poseen distintos niveles de conocimientos. Pedimos a cambio que aportéis vuestras ideas para beneficio de la comunidad, y obtendréis asimismo una recompensa que ya conoceréis cuando entréis en la red. De esta forma, estamos seguros de que la comunidad crecerá para beneficio mutuo y que contribuirá a la visión personalizada del BLUR que cada uno desarrolla para sí mismo.

Hemos terminado *BLUR*, el libro. Ahora, mejor equipados, es hora de que todos sigamos con el BLUR en nuestro trabajo y nuestra vida.

Hemos dicho al principio que *BLUR* es algo más que un libro. Como cualquier buena oferta, tiene que ser interactivo, mejorable y personalizable. Sobre todo, queremos que se vuelva más inteligente con el uso. Para que ello ocurra, necesitamos vuestra ayuda. Y estamos dispuestos a recompensaros.

Enviadnos, por favor, vuestras ideas inspiradas en el BLUR. Elegiremos una al mes durante 1998 y le concederemos un premio: un cheque de 100 dólares. Y las que nos parezcan más útiles para el público en general se publicarán en nuestro sitio de Internet para que toda la comunidad del BLUR forme parte del intercambio (también tenéis la oportunidad de participar en discusiones en línea y acceder a más detalles sobre casos y conceptos citados en el libro).

Por supuesto, el formulario está disponible electrónicamente, en www.blursight.com, o también podéis recortar la siguiente página y mandarla por fax o correo electrónico. Además, podéis ofrecer vuestras opiniones por correo electrónico.

BLUR
The Ernst & Young Center for Business Innovation
One Cambridge Center
Cambridge, MA 02142

Fax: 617-761-4144
E-mail: blur@ey.com

DECIDNOS ALGO QUE NO SEPAMOS

¿Cuál es el mejor ejemplo de BLUR que habéis visto? (nos gustará aún más si proviene de experiencias propias, tanto del mundo empresarial como personal).

____

____

____

____

____

____

____

____

Según ese ejemplo, ¿cuál es la lección general que hay que añadir a «50 maneras de adaptar nuestro negocio... y 10 maneras de adaptarnos nosotros mismos?

____

____

____

____

____

____

____

____

Completad las siguientes líneas si queréis participar en nuestro concurso mensual (o enviad vuestra tarjeta de visita).

Nombre ....

Empresa ....

Función o cargo ....

Teléfono ....

Correo electrónico ....

Dirección ....

Ciudad, Estado, código postal ....

AGRADECIMIENTOS

BLUR se escribió fiel a los principios de la conectividad, la velocidad y los intangibles. Por supuesto, las ideas son inherentemente intangibles, aunque nuestros esfuerzos se concentraron en combinar novedades conceptuales con aplicaciones prácticas. Muchas personas trabajaron en el proyecto de forma hiperconectada. Sus papeles siempre se solapaban y apenas existían fronteras entre los equipos. Además, a diferencia de la cadencia típica del mundo editorial para los libros de empresa, operamos a la velocidad del BLUR y pasamos de la idea al hecho (la publicación del libro) en menos de un año.

Muchos de los líderes de la empresa de consultoría de Ernst & Young aportaron su experiencia, ejemplos y reacciones a este libro. Terry Ozan y Chris Christensen ampliaron continuamente nuestras ideas con las suyas y proporcionaron todo su apoyo a este proyecto. Jim Andersen, Terry Boyle, Phil Fernley, Charlie Gottdiener, John Jordan, Sean Kenny, Peter Novins, John Parkinson, Ralph Poole, Mike Powers, Jim Searing y Neil Smiley fueron especialmente generosos con su tiempo. Su punto de vista desde las trincheras proporcionó un importante contacto con la realidad para el equipo de investigación, escritura y edición.

El equipo de edición, liderado por Julia Kirby, incluía a Colin Leinster, Ed Wakin y Andrea Mackiewicz, cada uno de los cuales aportó su importante ayuda creativa y editorial. Jim Park, David Greene, Steve Johnson y su equipo de CBK, y Sanjeev Acharya ayudaron a Nikolas Kron en el descubrimiento e investigación de ejemplos de BLUR, sin los cuales nuestras ideas sólo serían simples aseveraciones.

Todo el personal del Centro para la Innovación Empresarial proporcionó ideas y disponibilidad para lanzar balones de prueba, y se mantuvo alerta a desarrollos que tenían especial importancia para nuestro trabajo. En especial, Rudy Ruggles y Teresa Parker se unieron a Nikolas Kron en el desarrollo de las características de las ofertas. Barbara Elstein realizó un importante trabajo en lo relacionado con la discusión sobre el intercambio. Karen Frasca y Jennifer Cline proporcionaron la interminable capacidad de enmienda necesaria para aprovechar las contribuciones de un grupo tan numeroso y diverso.

Mientras tanto, Avery Hunt, de la oficina nacional de Ernst & Young, se coordinó estrechamente con el maravilloso equipo de David Goerhing en Addison-Wesley, liderado por Nick Philipson, Elizabeth Carduff y Pat Jalbert, quienes, para sorpresa de todos, aplaudieron nuestra insistencia en la velocidad. Manuel King, nuestro ilustrador, fue igualmente útil. Finalmente, nuestro agente Rafael Sagalyn nos guió una vez más con maestría a través de los laberintos del intercambio.

INDICE ANALÍTICO Y DE NOMBRES